향기로운 한식,
우리술 산책

향기로운 한식, 우리술 산책

초판 1쇄 발행 2018년 7월 1일
재판 1쇄 발행 2022년 5월 1일
개정 1판 1쇄 발행 2024년 3월 20일

기획 | (재)한식진흥원
편집 | 막걸리학교
저자 | 허시명, 김재호, 류인수, 문선희,
　　　유병호, 전진아, 정석태, 최규택, 최한석
감수 | 권희자, 이대형
디자인 | 올디자인그룹
일러스트 | 강미선, 문은영
사진 | (사)한국술문화연구소
발행처 | 푸디 (Foodie)
발행인 | 문선희
주소 | 서울특별시 중구 퇴계로20나길 9 C동 202호
전화 | +82-2-722-3337
이메일 | soolschool@gmail.com

값 17,500원
ⓒ(재)한식진흥원, 2018
ISBN 979-11-963496-2-2 13590

이 도서의 국립중앙도서관 출판예정도서목록(CIP)은 서지정보유통지원시스템
홈페이지(http://seoji.nl.go.kr)와 국가자료공동목록시스템(http://www.nl.go.kr/kolisnet)에서
이용하실 수 있습니다.(CIP제어번호: CIP2018012787)

향기로운 한식,
우리술 산책

酒藝士

주예사를 위한 우리술 안내서

글 | 허시명 외 8인 기획 | 한식진흥원

푸딩
Foodie

술은 우리 민족과 오래도록 함께 해온 발효 음식이다. 우리에게는 음식과 함께 하는 반주 문화가 있고, 노동과 함께 하는 농주 문화가 있다. 반가에서는 제사를 받들고 손님을 맞이할 때 술을 내놓았다. 현대 사회에 이르러서는 농산물의 부가가치를 올릴 수 있는 상품으로서, 지역 문화를 담아내는 특산품으로서 술의 가치가 새롭게 해석되고 있다.

2016년에는 새로 '소규모 주류 제조법'이 제정되면서, 음식점에서 양조 면허를 내고 술을 빚어 팔 수 있게 되었다. 음식과 술을 함께 팔던 문화는 우리에게 낯선 풍경이 아니다. 그것은 우리의 주막 문화 속에 존재해왔다. 이 법으로 1920년대에 주세령으로 급격히 소멸되어버린 주막 문화를 새롭게 부활할 수 있는 근거가 마련된 것이다.

이제 음식점에서 술을 만들어 팔 수 있게 되면서, 우리술을 소개하고 빚을 줄 아는 인력 양성이 필요하게 되었다. 이른바 와인에서 소믈리에가 존재하는 것처럼, 우리술에서도 소믈리에 역할을 하고 술 제조까지도 관여하게 될 전문성을 갖춘 직업군이 필요하다.

한식진흥원에서는 지금까지 국내외를 넘나들면서 한식의 정체성을 확보하고 세계화를 도모해왔다. 그 과정에서 술의 영역이 미약했으나, 앞으로는 술을 한국 문화를 담아낼 수 있는 좋은 그릇으로 보아 음식과 짝짓는 역할을 하고자 한다.

옛 문헌을 보면 음식과 술을 분리하지 않고 언급하는 예를 쉽게 볼 수 있다. 그래서 이 책에서는 한국을 대표할 만한 술은 무엇이며, 그 술은 무엇으로 어떻게 만들어졌고, 그 맛을 어떻게 표현하고 권하면 좋을지를 담아내고자 했다. 음식점에서 밥과 함께 술을 파는 이라면 당연히 알아야 할 기초 지식을 담았고, 우리술의 전문 인력을 양성할 교양 지침서로서 기능할 수 있게 기획했다.

우리 전통술을 두고 어떻게 표현할 것인가에 대해 지금까지 많은 개념어들이 설정되어왔는데, 토속주, 민속주, 전통주, 우리술, 라이스 와인(rice wine), 라이스 비어(rice beer), 한국술, 한주, K-sool 등 다양한 표현이 거론되어왔다. 또한 '전통주 등의 산업진흥에 관한 법률'이 있고, '대한민국 우리술 축제'가 열리며, 민속주 협회, 전통주 협회, 막걸리 협회 등이 존재한다. 한국에서 빚어지고 있는, 전통의 맥을 이어오고 있는 술을 어떤 개념어로 표현할 것인가? 이에 대한 정리가 필요한 시점이다.

쌀, 밥, 떡, 맛, 물, 불…… 우리말에는 한 글자로 이루어진 말들이 있다. 자주 쓰다 보니 다듬어져 한 글자로 축약된 개념어들이다. 그 글자 중에 술이라는 단어도 있다.

우리는 이 책을 집필하면서 한국술, 우리술을 지칭하는 말로 '술'이라는 한글을 쓰고자 한다. '술'은 넓은 의미에서 세상의 모든 술을 지칭하지만, 좁은 의미로는 한국의 술을 지칭한다. 외국인들에게 한국의 알코올 음료를 표현하는 말로 술(sool)이라는 단어를 사용하는 것이 효과적이라고 본다. 술이라는 멋진 한글과 함께 한국 문화를 소개할 때 한국 음식의 위상도 커질 것이다.

술을 소개하고 빚고 한식과 짝지어 추천해주는 직업군을 어떻게 부를지, 이 책을 만들면서 함께 고민했다. 전문가의 의견을 청취했고, 이를 바탕으로 일반인들을 대상으로 공모전을 실시했다. 짧은 기간이었지만 247건의 이름이 응모되었고, 2차에 걸쳐 심의를 했다. 술이라는 말을 적극적으로 사용한 술바치, 술벼리, 수불리에, 전문성과 권위가 느껴지는 술마스터, 주예사, 주인장, 한주상온 들이 최종 논의의 대상이 되었다. 많은 논의 끝에 '주예사(酒藝士)'를 단일한 명칭으로 정했고, 이 책에서 그 이름을 사용하게 되었다.

주예사는 술의 예법도 알고 술의 기예도 갖추고 있는 이를 뜻한다. 공공기관에서 학예사라는 말도 사용하고 있어서, 주예사를 반복하여 사용하다 보면 새로운 개념어로 정착할 수 있으리라고 본다.

술은 알코올이라는 독성 물질이 들어 있어서 잘 다스려야 하는 절제가 필요한 기호 식품이다. 이 책을 통해서 우리는 우리 술을 과학의 눈으로, 음식의 눈으로 바라보고자 했다. 우리술을 폭넓게 이해하고 긍정적인 가치를 높일 수 있기를, 그리고 우리 술의 품격을 높이고 우리 한식의 매력을 높일 수 있기를 기대한다.

🍶 차례

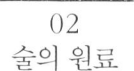
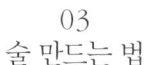

HISTORY

01

숙
의
이
해

술이란 무엇인가?

술은 알코올 성분이 들어 있어서 마시면 취하는 음료를 말한다. 주세법에서 술은 알코올분 1도 이상의 음료를 말한다. 이때 가루 상태라 하더라도 물에 타면 알코올 음료가 되는 것도 술로 분류한다. 주정(酒精)은 녹말 또는 당분이 들어 있는 재료를 발효시켜 알코올분 85도 이상으로 증류한 무색투명한 휘발성 액체로, 독해서 직접 마실 수는 없지만 가공하면 마실 수 있어 술로 정의한다. 의약품으로 알코올분이 6도 미만인 것은 약사법에 따라 술이 아닌 약으로 분류된다.

술은 제조 방법에 따라 크게 발효주, 증류주, 혼성주로 나뉜다. 발효주의 경우, 곡물 원료는 효소와 효모를 이용해 발효시키며, 당분이 들어 있는 과일은 효모를 이용해 발효시켜 만든다. 대표적인 발효주로 막걸리, 약주, 청주, 맥주, 과실주 등이 있는데, 대체로 알코올 도수가 20도 이하에 속한다.

술의 개성을 부여하는 누룩

증류주는 발효주를 끓여 알코올을 따로 증류하여 만든다. 대표적인 증류주로 소주, 바이주, 위스키, 브랜디, 럼, 테킬라, 보드카 등이 있다. 증류주는 대륙마다 특색 있는 명주들이 있으며 널리 유통되는데, 이는 알코올분이 높아 변질되지 않기 때문이다.

혼성주는 발효주와 증류주를 섞거나, 증류주에 약재나 과일, 향료 등을 넣은 술을 말한다. 주세법에 리큐르나 기타주류에 속한 술들이 대체로 혼성주에 속한다.

주세법에서는 술을 탁주, 약주, 청주, 맥주, 과실주, 소주, 위스키, 브랜디, 일반 증류주, 리큐르, 기타주류로 분류하고 있다. 이와는 별도로 주세법에서는 전통주의 영역을 따로 정의하고 있다. 전통의 사전적 의미는 한 집단이나 공동체에서 형성되어 역사적 생명을 가지고 내려오는 사상, 관습, 행동 등의 양식이나 그것의 핵심을 이루는 정신적 가치 체계를 말한다. 즉, 전통주는 그런 가치 체계를 담고 있는 술을 말한다.

하지만 '전통주 산업법(전통주 등의 산업진흥에 관한 법률)'에서

술은 우리 민족과 함께해온 발효 음식이다.

는 사전적 의미와 다르게 전통주를 규정하고 있다. 이 법에 따르면 전통주는 무형문화재나 식품 명인이 제조한 민속주, 지역 농산물을 주원료로 제조하는 술 중 농림축산식품부 장관의 제조 면허 추천을 받은 지역 특산주를 지칭한다.

곡물을 주재료로 삼아 빚는 우리술은 크게 탁한 술 '막걸리', 맑은 술 '약주' 또는 '청주', 투명하면서 도수가 높은 '소주'로 분류할 수 있다. 이 책에서는 크게 막걸리, 약주, 청주, 소주 네 가지로 나누어 술을 소개하고자 한다.

우리술의 흐름

인류가 언제부터 술을 즐겼는지 정확한 기원을 말하기는 어렵다. 과일이 떨어진 웅덩이에 괸 술을 원숭이가 먹었다는 얘기가 있는 것을 보면, 술은 인류 역사보다 더 오래된 것으로 보인다.

한반도에서도 마찬가지다. 다만 현재 전승되고 있는 우리의 술들이 멥쌀, 찹쌀, 좁쌀 따위의 곡물을 주축으로 삼은 것으로 보아, 한반도에서 농사를 짓기 시작한 무렵에는 술이 존재했을 것으로 추정된다. 현재 1991년 경기도 일산에서 출토된 가와지 볍씨가 5020년 전 신석기시대의 것으로 고증되어 가장 오래된 벼농사 흔적인데, 이로 보아 우리술의 역사도 5,000년 전으로 끌어올릴 수 있을 것이다.

고대, 삼국시대 ——

문헌을 통해 술의 역사를 살펴보면, 중국 서진시대 진수(233~297년)가 편찬한 『삼국지』 「위지동이전」의 한반도 일대 고대 국가에 대한 기록 속에 술 이야기가 나온다. 이 문헌에 따르면 부여는 정월에 영고, 고구려는 10월에 동맹, 예는 10월에 무천이라는 제천 의식을 거행했는데, 이때 춤추고 노래하고 술 마시고 즐겼다고 전한다. 또한 마한에서는 5월에 씨앗을 뿌리는 큰 모임이 있어 춤과 노래와 술로써 즐겼고, 10월에 추수를 끝내면 역시 이러한 모임이 있었다고 한다.

고구려 건국신화 「동명왕편」에도 술 이야기가 나온다. 천제의 아들 해모수가 하백의 딸 유화를 술 취하게 하여 아내로 삼아 주몽을 낳았는데, 주몽은 훗날 고구려를 건국한 동명성왕이 되었다. 이 신화는 고려시대 이규보가 작성한 『동국이상국집』(1241년)과 이승휴의 『제왕운기』(1287년)에 실려 있다.

고구려의 3대 왕인 대무신왕은 국내성을 침략해온 한나라 장수에게 잉어와 지주(旨酒)를 보내어 물러가게 했다. 백제 2대 왕인 다루왕은 흉년이 들자 금주령을 내렸고, 30대 왕인 무왕은 신하들과 더불어 백마강 가에서 술을 마시며 북을 치고 춤을 추며 놀았다. 신라 3대 왕인 유리왕은 경주의 여자들을 두 패로 나누어 길쌈 경쟁을 시켰다. 이때 진 편이 술과 음식을 장만해 이긴 사람들에게 사례하며 서로 더불어 노래하고 춤을 추

짚신 모양 토기 잔. 원삼국시대, 국립중앙박물관 소장

원삼국시대에 제작된 짚신 모양의 토기 잔과 수레바퀴 위의 잔, 5~6세기 가야 지방에서 사용된 오리 모양의 토기 잔은 부장품으로 사용되었던 것으로 보인다. 지상과 천상을 연결해주는 새, 저승가는 길에 타고 갈 수레와 신고 갈 짚신에 술을 실어 보냈던 것으로 보아, 술이 신과 인간을, 이승과 저승을 매개해준다는 믿음이 고대부터 있었다고 보여진다.

수레바퀴 위의 잔. 원삼국시대, 국립중앙박물관 소장

오리 모양 토기. 삼국시대, 5~6세기, 가야, 국립중앙박물관 소장

며 놀았는데, 이것이 추석의 기원이 된 가배(嘉俳)라는 학설이 있다.

712년에 작성된 일본의 『고사기』에는 술을 잘 빚었던 백제인 인번(仁番)의 다른 이름인 수수보리에 대한 기록이 나온다. 수수보리가 빚은 향기로운 술을 마시고, 이 술맛에 감동한 응신천황의 노래가 수록되어 있다. 수수보리가 활동한 시기는 4세기 전후로 여겨지는데, 이 기록을 통해 백제인이 빚은 술맛이 상당한 수준에 이르렀음을 알 수 있다. 이는 또한 백제의 술 기술이 일본에 전해졌음을 알 수 있는 근거이기도 하다.

신라 술은 맛이 좋기로 중국에까지 소문이 나서 당나라 시인 이상은(812~858년)이 "한 잔 신라주의 기운이 새벽바람에 쉬이 사라질까 두렵구나"라고 노래했을 정도였다. 경주 안압지에서 술 놀이 도구인 14면체 주령구가 발견되고, 경주 남산 자락에 유상곡수연을 즐겼다는 포석정이 있는 것으로 보아 신라 역시 술 문화가 발달했음을 짐작해볼 수 있다.

이렇듯 고대와 삼국시대, 통일신라시대에 걸쳐 술병과 술잔이 출토되고, 술에 대한 이야기도 전해오지만, 안타깝게도 그 시대에 마시거나 빚어졌던 술의 구체적인 이름과 제조 방법에 대해서는 전하는 게 없다.

구전에 따르면 '면천두견주'는 고려시대 개국공신 복지겸이 아팠을 때 그의 딸 영랑이 면천의 안샘 물로 빚어서 올린 술이라고 한다. 당진시 면천면에는 영랑이 사용하던 안샘과 술을 빚고 심었다는 은행나무 두 그루가 지금까지 전해오고 있다.

또한 고려 태조 왕건이 고창(현재 안동) 전투에서 승리를 거뒀을 때에 삼태사의 도움을 받았는데, 당시 견훤의 병사들이 진을 치고 있던 마을에서 주막을 운영하던 주모 안중이 견훤의 병사들에게 독한 술을 마시게 한 뒤 이를 삼태사에게 알려 승전할 수 있었다고 한다. 이때 안중이 담았던 술이 '고삼주(苦蔘酒)'다. 현재 안동 태사묘에서는 안중을 삼태사와 함께 기리고 있다.

『고려사』에 등장하는 기록으로, 성종 2년(983년)에는 개경의 번화가에 6개의 주점, 성례(成禮), 낙빈(樂賓), 연령(延齡), 영액(靈液), 옥장(玉漿), 희빈(喜賓)이 있었다. 이 주점들은 역원(驛院)이나 다점(茶店)과 마찬가지로 효율적인 대민 정책과 정보 수집의 필요성 때문에 국가에서 관장하는 것들이었다.

성종 15년(996년)에는 최초의 화폐 건원중보를 주조하게 되고, 목종 5년(1002년)에는 화폐의 유통을 활성화시키기 위해 "차, 술, 음식 등의 점포들이 교역할 때에는 화폐를 사용하라"는 지시가 내려졌다. 숙종(재위 1095~1105년) 때에는 해동통보를 유통시키면서 중앙과 지방에 술을 관장하는 관청을 설치하기도 했다.

문종(재위 1046~1083년) 때는 양온서라는 관청을 두어서 행사에 필요한 술과 감주를 관장했다. 이때 왕이 마시는 술은 양온서에서 다스렸는데, 청주와 법주 두 가지가 있었고, 질항아리에 넣어 명주로 봉해서 저장해두었다고 전한다.

인종 1년(1123년)에 고려를 방문한 송나라 사신 서긍이 당시의 풍속을 기록한 『고려도경』에서 고려에서는 찹쌀이 없어서 멥쌀과 누룩으로 술을 빚었고, 술맛이 독하여 쉽게 취하고 빨리 깬다고 기록했다. 인종 14년(1136년)에는 과거제도를 정비하면서 여러 지역의 공사(貢士)를 중앙으로 보낼 때 향음주례(鄕飮酒禮)를 행하도록 규정했는데, 이것으로 보아 술에 대한 예법에 대해 국가에서도 관심을 두었던 것을 알 수 있다.

불교를 국교로 삼았던 그 시절에 술을 빚어 유통시킨 사찰도 있었다. 『고려사』에 의하면 현종 원년(1010년)에 승니(비구와 비구니)가 술 빚는 것을 금했다. 인종 9년(1131년)에는 내외사사(內外寺社)의 승도가 술도 팔고, 파도 팔며, 또 병기를 가지고 포악한 짓을 하므로 금지시켜달라는 상소가 올라왔다. 『악장가사』에 실려 있는 고려가요 「쌍화점」에는 "술 파는 집에 술 사러 갔더니 그 집 주인이 내 손목을 잡더라"는 구절이 있어 당시 사회상을 엿볼 수 있다.

고려 후기에 이르면 문인들의 시문 속에 구체적인 술 이름이 많이 등장한다. 술을 소재로 삼은 「한림별곡」에는 황금주, 백자주, 송주, 죽엽주, 이화주, 오가피주 들이 등장한다. 술을 의인화한 해학적인 한문 소설로 임춘의 『국순전』, 이규보의 『국선생전』도 쓰여졌다.

한반도에 증류주인 소주가 전래된 것은 몽골의 침략기인 충렬왕(재위 1274~1308년) 시기로 알려져 있다. 『고려사』 우왕 원년(1375년)의 기록에 "사람들이 검소할 줄 모르고 소주나 비단, 금이나 옥그릇에 재산을 탕진하니 앞으로 일절 금한다"고 한 것으로 보아 당시 소주가 제법 널리 퍼져 있음을 알 수 있다.

고려시대의 유산으로 첫손에 꼽히는 것이 고려청자다. 고려청자로 만들어진 술병과 술잔에 대한 연구와 분석을 통해서 고려시대 술 문화를 풀어낼 수 있을 것으로 여겨진다. 이에 대한 연구들도 앞으로 필요한 부분이다.

청자 사자장식 주전자와 받침. 고려시대, 11세기, 국립중앙박물관 소장

청자 연꽃넝쿨무늬 주전자와 받침. 고려시대, 12세기, 국립중앙박물관 소장

『조선왕조실록』을 보면 왕들이 통치의 수단으로 금주령을 곧잘 내린 사실을 알 수 있다. 특히 왕권을 강화하고 사회 기강을 바로잡으려고 할 때 금주령이 활용되었다. 금주령을 적극적으로 시행한 왕으로 태종, 세종, 영조를 꼽을 수 있다.

태종은 집권 초기부터 빈번하게 금주령을 내렸는데, 기록에 남아 있는 것만으로도 스무 차례가 넘는다. 세종은 재난이나 이변이 없더라도 매번 농사철에는 술을 금하는 조처를 내렸다. 영조는 지속적으로 금주령을 내렸고, 이를 어긴 사람은 엄벌에 처했다. 세종, 중종, 영조 때에는 나라에서 술을 경계하는 교서를 내려 지방 관아에 내걸도록 하기도 했다.

술을 경계하는 방편으로 고려시대부터 이어져오던 향음주례를 정비했는데, 세종이 집현전에 향음주례를 상정(詳定)하도록 명했고, 성종 5년(1474년)에 편찬을 완성하여 『국조오례의』와 더불어 일반화되었다.

현존하는 가장 오래된 음식 조리서는 1450년경 궁중 어의인 전순의가 지은 『산가요록』이다. 전반부는 훼손되고 후반부만 남아 있는 이 책에는 농업에 대한 내용과 함께 229가지 조리법이 소개되어 있다. 그중에서 술에 관한 내용은 51가지의 술 빚기와 술맛 변하지 않게 하는 법 등 4개 항이 있다.

한글로 된 가장 오래된 조리서는 경북 영양에서 살던 장계향

분청사기 모란무늬 병. 조선시대, 15세기,
국립중앙박물관 소장

분청사기 물고기무늬 편병. 조선시대, 15
세기, 국립중앙박물관 소장

고려청자와 조선백자, 그 사이를 잇는 분청사기 들은 한국 문화의 화려함을
보여주는 세계적인 명품이다. 그 명품 속에 담긴 주인공이 바로 술이다.
한국술이 고려청자나 조선백자만큼이나 좋은 평가를 받을 날을 앞당겨보자.

백자. 조선시대, 15~16세기, 국립공주박
물관 소장

백자 매화무늬 각병. 조선시대, 18세기,
국립중앙박물관 소장

이 1670년대에 지은 『음식디미방』으로, 술 빚는 법과 음식 조리법, 저장 발효식품과 식품 보관법 등을 소개하고 있다. 이 책에는 모두 54종의 술 이름과 제조법이 나온다.

조선 중기 이후 술 제조법이나 효능이 소개된 대표적인 문헌들로 1541년경에 김수가 집필한 『수운잡방』, 1554년에 어숙권이 편찬한 『고사촬요』, 1610년에 허준이 집필한 『동의보감』, 1715년에 홍만선이 집필한 『산림경제』, 1809년에 빙허각 이씨가 집필한 가정백과서인 『규합총서』, 1827년에 서유구가 집필한 『임원십육지』 등이 있다. 특히 『동의보감』에 약효와 함께 술이 소개되면서, 기능성을 중시 여기는 약술 문화 형성에 큰 영향을 준 것으로 보인다.

풍속을 기록한 세시기를 통해서도 술 문화를 볼 수 있다. 1846년에 홍석모가 집필한 『동국세시기』 「기타 3월 세시풍속편」에서 "술집에서는 과하주를 빚어 판다. 술 이름으로는 소국주, 두견주, 도화주, 송순주 등이 있는데, 모두 봄에 빚는 좋은 술들이다. 소주로는 독막(지금의 서울 마포구 공덕동에서 대흥동 사이) 주변에서 만드는 삼해주가 가장 좋은데 수백 수천 독을 빚어낸다. 평안도 지방에서 쳐주는 술로는 감홍로와 벽향주가 있고, 황해도 지방에서는 이강고, 호남 지방에서는 죽력고와 계당주, 충청도 지방에서는 노산춘 등을 각각 가장 좋은 술로 여기며, 이것 역시 선물용으로 서울로 올라온다"고 했다.

조선 후기에 오면 지역마다 특색 있는 술이 존재하는데, 특히

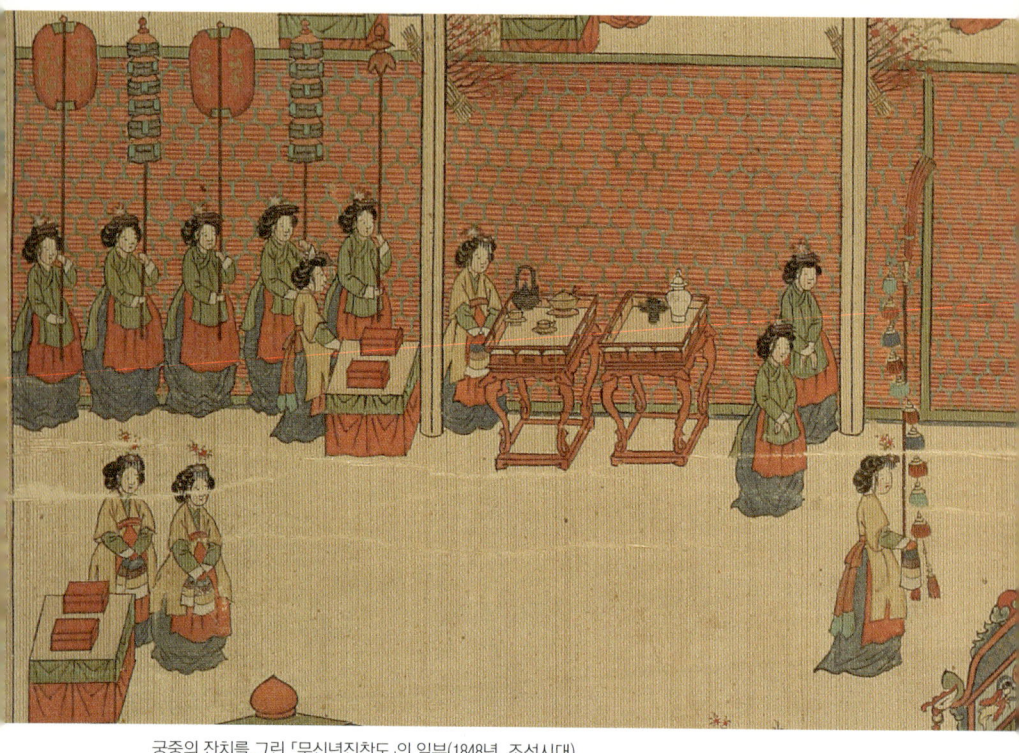

궁중의 잔치를 그린 「무신년진찬도」의 일부(1848년, 조선시대)

조선시대의 술은 산업화의 길로 내딛지 못했고, 그 명맥이 근현대로 이어오지 못했다. 온주(醞酒)라 하여 임금이 하사하는 술이 궁궐에서 빚어졌음에도 불구하고, 현재 그 제법이 전해오는 궁궐 내부의 술은 없다. 나루터와 주막을 중심으로 한 술 문화는 지역의 특색을 갖고 있다고는 하지만, 이도 단절되어 전하는 게 거의 없다.

독막과 마포나루 부근에서 삼해주를 수천 독 빚었다는 얘기가 있는 것으로 보아 술의 유통량도 늘어났던 것으로 보인다.

하지만 조선시대의 술은 산업화의 길로 내딛지 못했고, 그 명맥이 근현대로 이어오지 못했다. 온주(醞酒)라 하여 임금이 하사하는 술이 궁궐에서 빚어졌음에도 불구하고, 현재 그 제법이 전해오는 궁궐 내부의 술은 없다. 나루터와 주막을 중심으로 한 술 문화는 지역의 특색을 갖고 있다고는 하지만, 이도 단절되어 전하는 게 거의 없다.

현재 5대 이상의 전승 계보를 지니고 있는 문화재 술들은 조선 후기에 마을이나 반가를 중심으로 명맥을 유지해온 술들이 대부분이다.

개항기 이후 ————

개항기 무렵 도회지의 주막은 술과 음식을 파는 음식점의 성격이 강했고, 시골의 주막은 술과 음식을 팔면서 숙박까지 제공하는 공간으로 유지되었다. 대한제국시대 경성에서 술을 판매하는 형태로 색주가, 내외주가, 반가(飯家), 전골가(煎骨家), 소주가가 있었는데, 이는 모두 음식점이다. 이곳에서는 약주, 백주, 소주를 헌주가, 소주가로부터 매입하고, 탁주는 스스로 제조하여 모두 잔술로 팔았다.

술의 소비 형태는 지역마다 차이가 있었다.
서울의 중산층에서는 약주를 즐겼고, 서울 이북 지방에서는
소주를 주로 마셨으며, 서울 이남에서는 탁주를 주로 마셨다.
남부 지방은 탁·약주가 변하기 쉬운 여름철에만 소주를 마셨다.

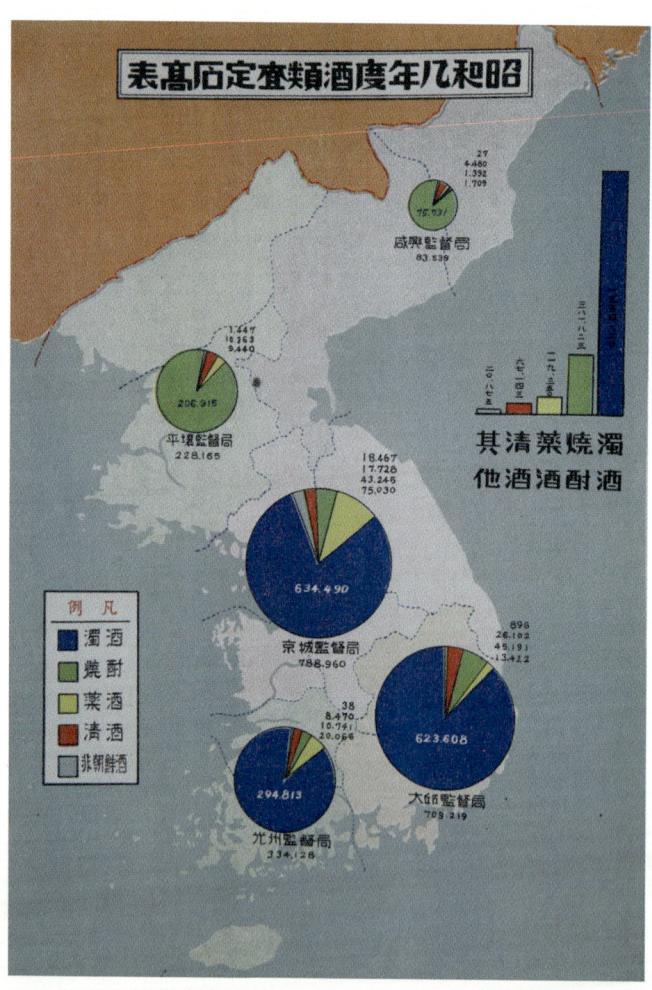

1932년 우리나라의 술 생산량(『조선주조사』 수록)

술에 세금을 부여하기 위한 정책은 대한제국 시절에 만들어졌다. 1904년 한반도에서 러일전쟁을 승리로 이끈 일본은 그해 8월에 한일협정서를 체결하여 대한제국의 재정권과 외교권을 침탈했다. 그리고 일본 주세법을 만드는 데 참여했던 일본인 메가타를 재정 고문으로 임명하여 주세 도입을 진행했다.

이리하여 1909년 2월 우리나라에 최초로 주세법이 공포되었다. 무제한 면허제를 실시하고, 해마다 11월까지 다음 해에 양조할 생산량을 소속 세무서에 신고하면 그 생산량에 따라 세금을 부과했다.

1935년 일본인들이 작성한 『조선주조사』에 따르면, 1910년 무렵에는 조선의 선체 가구 수의 1/7이 술을 제조했다고 한다. 영업용이 아닌 자가용 제조 면허를 낸 가구가 1926년만 해도 대략 131,700곳이었는데, 1929년에 265곳으로 줄어들더니, 1932년엔 단 한 곳만이 남게 된다. 결국 1934년에 와서 자가용 술 제조 면허제를 폐지해버리는데, 이때부터 집에서 술 빚는 행위는 모두 불법이 되었다.

1930년을 전후로 주세가 전체 조세에서 지세(地稅)를 제치고 1위를 차지하게 된다. 1934년의 기록을 보면 조세 총액 5,612만 원 중에서 주세가 29.5%를 차지하여 지세 26.2%를 앞서고 있다. 조선총독부는 통치 자금의 확보 차원에서 술을 엄격히 통제하고 세금을 갹출했다.

일제 강점기인 1916년의 술 생산량을 보면 조선 탁주 75%,

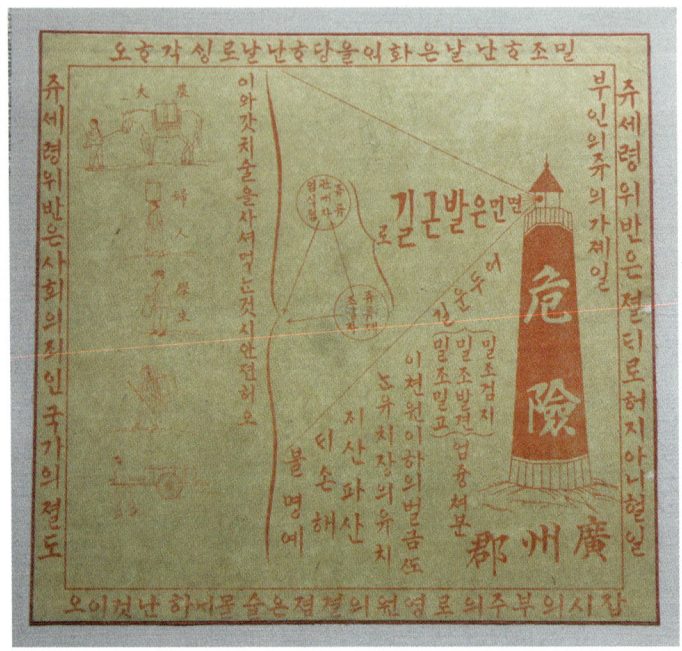

일제시대 밀조주(밀주) 금지 공고문

1930년대 이전에는 주점에서 막걸리를 직접 빚어서
잔술로 팔았으나, 주세법이 강화된 1930년대 중반 이후에는
양조장에서 받아다가 파는 음식점들이 늘어났고,
일반 가정에서도 양조장이나 배급소에서
막걸리를 사다가 마시는 상황이 되었다.

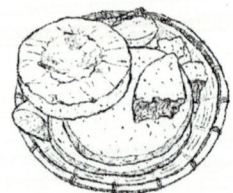

소주 14%, 청주 5%, 약주 4%, 기타주가 2%를 차지했다. 1916년에서 1933년까지 술 생산량 중 조선 탁주 생산량은 72~89%에 달했다.

1930년대 이전에는 주점에서 막걸리를 직접 빚어서 잔술로 팔았으나, 주세법이 강화된 1930년대 중반 이후에는 양조장에서 받아다가 파는 음식점들이 늘어났고, 일반 가정에서도 양조장이나 배급소에서 막걸리를 사다가 마시는 상황이 되었다.

술 소비 형태는 지역마다 차이가 있었다. 서울의 중산층에서는 약주를 즐겼고, 서울 이북 지방에서는 소주를 주로 마셨으며, 서울 이남에서는 탁주를 주로 마셨다. 남부 지방은 소주 소비가 적었는데, 탁·약주가 변하기 쉬운 여름철에만 소주를 마셨다.

1937년 중일전쟁이 벌어지자 식량 확보를 목적으로 1938년에 양조용 쌀의 할당제를 실시하고, 1940년에는 탁주 이외의 술은 배급 제도를 실시했다. 이때 탁주 제조를 제한하지 않은 것은 밀주가 성행하지 않게 하기 위해서였다. 그럼에도 밀주 제조로 적발되는 이들이 많았는데, 1939년에 17,182건, 1943년에 34,564건이었다.

1948년 대한민국 정부 출범 이후 ──

1948년 대한민국 정부가 출범하고, 1949년 9월에 주세 정책의 방향을 설정하는 주세법이 국회를 통과했다. 1950년 6·25 전쟁과 1960년대 경제개발 시대를 거치는 동안에도 주세 정책은 일제 강점기의 정책 기조와 크게 다르지 않았다. 양곡이 부족하고 국세의 주세 의존도가 높은 시기라, 술에 사용되는 곡물을 철저히 통제하고 양조장을 감독했다. 전체적으로 술 정책이 양곡 수급 정책과 맞물려 움직이다 보니, 양조 산업의 발전이나 소비 문화의 다양성을 배려하지는 못했다.

1965년 3월에는 양곡을 원료로 하는 주정과 소주 제조를 금지했고, 1966년 8월에 탁·약주 제조에 쌀 사용을 금지하고 수입 밀가루를 주원료로 사용하게 했다. 이전까지는 약주나 탁주는 쌀이 주원료였고, 밀이나 밀가루는 주로 누룩을 디뎠다.

주원료가 변하면서 술맛이 달라지자 술도가들이 혼란에 빠졌다. 국세청 양조시험소에서는 백국(白麴)을 파종하여 만든 밀가루 누룩을 개발하여 보급했다. 그러나 막걸리는 밀가루 막걸리로 적응했지만, 약주는 색깔이 푸르게 나오고 쉽게 산패하면서 적응에 실패했다.

1960년대에서 1970년대에 걸쳐 정부의 양조장 통합 정비 정책에 따라 양조장들의 숫자가 줄어들었다. 약주 업체들이 쌀을 사용할 수 없게 되면서 경쟁력을 잃게 된 것이다. 1963년에

2009년부터는 농림축산식품부 주관으로
해마다 우리술 품평회가 열리고 있고,
10월 마지막 주 목요일을 '막걸리 날'로 정하여
햅쌀막걸리 출시 행사도 치르고 있다. 2010년에는 전통주 산업법이
마련되어 전통주 활성화를 위한 제도적 장치가 체계화되었다.

'2009 햅쌀 누보 막걸리' 출품작들. 2009년에 처음 햅쌀막걸리 출시 행사가 열린 이후로
해마다 10월 말이면 햅쌀막걸리가 출시되고 있다.

우리술과 관련된 행사 포스터

498개였던 약주 업체는 1970년에는 259개, 1975년에는 45개, 1990년에는 24개로 줄어들었다. 소주 회사는 증류식 소주가 퇴조하고, 정부의 적극적인 통합 정책에 따라 1977년에 각 도별로 한 개씩 모두 열 개의 대형 희석식 소주 체제가 성립되었다.

술 소비량은 경제 성장과 인구 증가로 꾸준히 늘어났고, 소비되는 술 역시 다양해졌다. 막걸리의 경우는 1974년에 168만㎘라는 역대 최대 생산량을 기록했다. 하지만 차츰 소주와 맥주의 소비량이 늘어나면서 1980년대 들어 막걸리의 퇴조가 눈에 띄게 나타났다. 그러다 올림픽을 치르던 1988년부터 맥주 생산량이 막걸리 생산량을 앞지르기 시작했다. 급기야 1990년대에는 맥주 생산량이 전체 술 생산량의 50%를 넘어서고, 막걸리는 추

막걸리와 관련된 다양한 행사 포스터

락을 거듭하여 한 자리 숫자까지 하락하게 된다.

막걸리 퇴조 현상이 눈에 띄게 나타난 1980년대, 1986년 아시안게임과 1988년 올림픽을 앞두고 한국 문화로서의 전통주에 대한 계승과 보전을 위한 노력이 진행되었다. 이에 따라 1986년에 '문배주', '면천두견주', '경주교동법주'가 국가지정 무형문화재로 지정되었고, 도별 무형문화재들도 지정되었다.

1990년부터 다시 쌀로 술을 빚을 수 있게 되면서 전통주가 상품화될 수 있는 길이 열렸는데, 이때 쌀막걸리도 재등장했다. 1995년부터는 집에서 가양주를 빚을 수 있게 되면서 양조장 밖 공간에서도 술을 빚고 체험할 수 있는 길이 열렸다.

2009년부터는 농림축산식품부 주관으로 해마다 우리술 품평회가 열리고 있고, 10월 마지막 주 목요일을 '막걸리 날'로 정하여 햅쌀막걸리 출시 행사도 치르고 있다. 2010년에는 전통주 등의 산업진흥에 관한 법률(약칭 전통주 산업법)이 마련되어 전통주 활성화를 위한 제도적 장치가 체계화되었다. 또한 국세청에서 주도해왔던 술의 정책도 분할되어, 국세청은 면허와 주세, 식품의약품안전처는 위생, 농림축산식품부는 진흥이라는 업무를 나눠서 하게 되었다. 그리고 2016년 2월에는 소규모 주류 제조 면허 법령이 만들어져, 식당에서 양조 면허를 받고 과거 주막처럼 직접 만든 술과 음식을 팔 수 있게 되었다.

1980년 이후 우리술의 주요 흐름

연도	내 용
1986	문배주, 면천두견주, 경주교동법주, 무형문화재 지정
1990	쌀막걸리 재등장
1995	가정에서 제조하는 가양주 허용
2009	매년 우리술 품평회 개최. 10월 마지막 주 목요일 '막걸리 날'
2010	전통주 등의 산업진흥에 관한 법률(전통주 산업법) 공포 시행
2016	소규모 주류 제조 면허 법령 공포 시행

술의 정의

일반적 정의 : 알코올 성분이 들어 있어서 마시면 취하는 음료.

주세법상 정의 : 알코올분 1도 이상의 음료.

※가루 상태라도 물에 타 알코올 음료가 되면 술로 분류한다.

술의 분류

제조법상 분류 : 발효주, 증류주, 혼성주.

주세법상 분류 : 탁주, 약주, 청주, 맥주, 과실주, 소주, 위스키, 브랜디, 일반 증류주, 리큐르, 기타주류,

전통주의 의미

사전적 의미 : 한 집단이나 공동체에서 형성되어 역사적 생명을 가지고 내려오는 사상, 관습, 행동 등의 양식이나 그것의 핵심을 이루는 정신적 가치 체계를 담고 있는 술.

'전통주 산업법'에서의 의미 : 무형문화재나 식품 명인이 제조한 민속주, 지역 농산물을 주원료로 제조한 지역 특산주.

MATERIAL

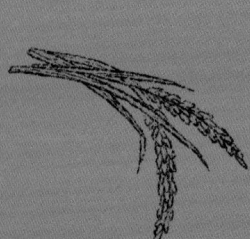

02

술의 원료

벼(쌀) ——

현미는 껍질만 벗긴 것으로 겨층을 제거하지 않은 상태의 것
이고, 백미는 현미에서 겨층과 씨눈이 거의 제거되어 무게 대비
92% 이내로 곱게 깎은 쌀을 말한다.

양조용은 용도에 따라 도정을 달리해야 하는데, 막걸리용은
백미를 그대로 이용하는 것이 좋지만, 약주나 청주용은 장기 보
관이나 이취 생성을 억제하기 위해 쌀을 더 깎아낼 필요가 있
다. 쌀의 겉부분에는 단백질과 지방을 비롯해 미네랄이 많이 함
유되어 있어 오래 저장하면 술의 색깔과 맛이 짙어진다.

쌀의 구조

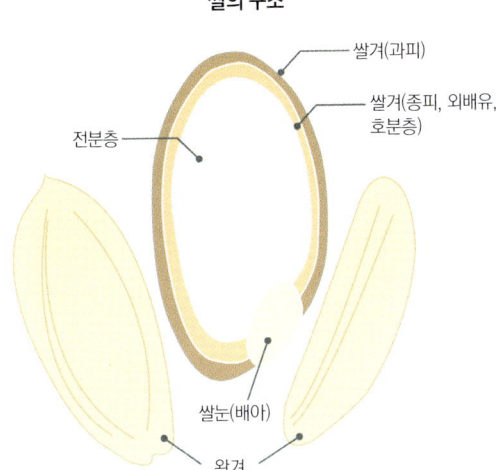

- 쌀겨(과피)
- 쌀겨(종피, 외배유, 호분층)
- 전분층
- 쌀눈(배아)
- 왕겨

쌀의 성분을 실펴보면 그중 탄수화물 함량이 약 75~80% 정도 된다. 현미는 백미보다 단백질과 지질 회분 함량이 많으며, 식이섬유 함량도 높다. 반면 백미는 현미보다 탄수화물 함량이 높아 일반적으로 술에는 백미를 많이 사용한다.

쌀의 성분

구분	수분(%)	단백질(%)	지질(%)	회분(%)	탄수화물(%)	식이섬유(%)
멥쌀(현미)	11.5	7.4	2.0	1.3	77.8	3.8
멥쌀(백미)	15.4	5.7	0.1	0.3	78.5	1.3
찹쌀(현미)	12.9	7.3	2.8	1.3	75.7	4.0
찹쌀(백미)	9.6	7.4	0.4	0.7	81.9	0.6

출처 : 표준식품성분표 제8개정판, 농촌진흥청

쌀은 구성 전분인 아밀로오스와 아밀로펙틴의 함유 비율에 따라 멥쌀과 찹쌀로 나뉜다. 멥쌀은 아밀로오스 함량이 약 17~21% 정도이고 나머지는 아밀로펙틴이 차지하고 있으며, 찹쌀은 아밀로오스가 거의 없이 아밀로펙틴으로만 구성되어 있다.

멥쌀과 찹쌀의 특징

구 분	멥 쌀	찹 쌀
아밀로오스	17~21%	0%
아밀로펙틴	79~83%	100%
비중	1.13	1.08
호화 개시 온도	65℃	70℃
점성	약하다	강하다
낱알의 특징	반투명 입자	유백색 입자

멥쌀과 찹쌀은 쌀알의 투명한 정도로 보아 쉽게 구별할 수 있는데, 멥쌀은 투명한 데 비해 찹쌀은 뽀얗고 불투명하다. 성숙기 찹쌀은 아밀로오스 분자가 채워져야 할 부분에 물이 차 있다가 쌀알이 마르게 되면 물이 빠져나가면서 틈이 생기게 되고, 이것이 빛에 의해 난반사되어 불투명하게 보이는 것이다. 따라서 찹쌀은 수분이 잘 흡수되며 부서지기 쉽고, 발효 시 누룩의 효소에 의해서도 잘 분해되는 특성 때문에 멥쌀에 비해 지게미는 적고 상대적으로 제조 공정상 작업이 쉬워 예전부터 양조용

으로 많이 이용되어왔다.

일반적으로 술 빚기 좋은 쌀은 알이 굵고 흡수성이 좋으며, 고두밥이 잘되고 고르게 익어야 한다. 그리고 쌀알누룩을 만들 때는 곰팡이균이 골고루 잘 뻗어나가며 당화가 잘되어 알코올 생산량이 높은 것이 좋은 원료라고 할 수 있다. 또한 성분상으로는 단백질이나 지방 함량이 낮아 술 제조 후 잡내나 잡맛 생성이 적어 기호도가 높은 것이 술 빚기에 적합하다.

원활한 원료 조달을 고려한다면, 다수확이면서 내병충성이 높아 재배하기에 좋은 품종이 더 적합하다고 할 수도 있다. 국내에서 양조용으로 쓰이는 품종의 하나로 '설갱'이 있는데, 유백색으로 물이 잘 침투하고 발효 시 분해가 잘되는 특징이 있다.

최근 농촌진흥청에서 재배 특성과 양조 특성을 종합적으로 연구하여 막걸리용으로 7품종(한아름, 다산2호, 큰섬, 미광, 한설, 화성, 조운)과 청주용으로 4품종(삼광, 다산1호, 동진찰, 보석찰)을 선발했다.

국내에서는 쌀 소비 활성화를 위해 막걸리와 약주 원료로 정부 재고미(在庫米)를 사용하는 경우가 있다. 그러나 정부 재고미는 쌀을 오랫동안 저장한 것으로 성분에 많은 변화가 일어나는데, 이러한 현상을 고미화(古米化)라 한다. 고미화에 의해 생물적 변화(발아능력이나 효소활성의 저하), 화학적 변화(전분, 단백질, 지방질, 비타민 등의 분해), 물리적 변화(쌀알조직의 경화, 흡수성의 저하)가 진행되며, 특히 지방의 산화로 인해 묵은 쌀 냄새가 나며, 쌀을 찌면 표면이 노랗게 되는 현상이 나타난다. 이러한 재고미를 사용할 때는 도정률을 높여 쌀 표면의 지방과 단백질을 제거하는 방법이 있다.

또한 최근에는 원료인 쌀의 사용을 쉽게 하기 위해 팽화미를 사용하는 양조장도 많아지고 있다. 팽화미란 쌀을 고온과 고압으로 유지하다가 급격히 상온과 상압으로 조절하여 팽창시킨 알파화(호화)된 쌀 전분이다. 쌀알은 다공질(多孔質)이 되고 녹말은 덱스트린으로 변해서 그대로 먹어도 소화가 잘된다.

팽화미를 막걸리 제조에 이용하면 씻고 찌고 식히는 과정을 거치지 않고 직접 양조용수에 담금한 후 발효시킬 수 있다. 따라서 여러 공정의 생략에 따른 양조용수와 폐수량의 감소뿐만 아니라 인건비, 시설 유지비 및 에너지 절감도 가능하다. 또한 전분이 호화되었기 때문에 발효 기간이 단축되며, 주정 수율 향상과 술지게미 감소도 기대된다. 그러나 발효 시 팽화미 특유의 색과 냄새가 나고, 양조장의 개성이 줄어들어 사용에 주의를 기울여야 한다.

각종 전분 입자의 크기(㎛)와 모양 및 호화온도(℃)

전분 원료	크기	평균 크기	모양	호화 개시 온도
쌀	2~8	4	다면형	63.6
밀	5~40	20	볼록렌즈 모양	87.3
고구마	2~40	18	다면형, 종 모양	72.5
감자	5~100	50	달걀 모양	64.5

보리

보리는 쌀보리와 겉보리로 나뉜다. 쌀보리는 껍질이 씨알에서 잘 떨어지는 품종을 말하며, 겉보리는 껍질이 씨알에 붙어 떨어지지 않는 품종을 말한다. 보리의 탄수화물 함량은 약 71~78%로 쌀보다 낮다.

보리는 단백질, 식이섬유, 비타민, 광물질의 좋은 공급원이다. 일반적으로 보리는 4~30%의 아밀로오스를 함유하고 있으며, 특히 베타글루칸을 4~5% 함유하고 있어 혈당과 콜레스테롤

보리의 성분

구분	수분(%)	단백질(%)	지질(%)	회분(%)	탄수화물(%)	식이섬유(%)
쌀보리	11.1	9.9	0.6	0.7	77.7	4.6
겉보리	13.8	10.6	1.8	2.7	71.1	19.8
맥주보리	10.0	10.0	1.0	1.0	78.0	15.8

출처 : 표준식품성분표 제8개정판, 농촌진흥청

을 떨어뜨리거나 면역을 증가시키는 데 좋다고 알려져 있다.

보리는 맥주의 원료이기도 하고, 식혜의 원료이기도 하다. 맥주와 식혜는 그 제조 방법에 있어서 공통적으로 엿기름(맥아, 몰트)을 이용한다는 데서 근원이 같다고 할 수 있다. 다만 식혜는 당화만 거쳐 음료로 전환됐으며, 맥주는 당화시킨 뒤 효모에 의한 발효를 거쳐 술로 만들어진 것이다. 맥주는 맥주용으로 2줄보리를 많이 사용하는데, 해외에서는 6줄보리를 사용하기도 한다. 맥주에 있어서 거품은 보리 원료에 많이 함유되어 있는 단백질 성분에서 기인한다.

양조 원료로 사용할 때 보리는 일반적으로 쌀에 비해 흡수 속도가 빠르고 물 흡수량도 많다는 특징이 있어서 쌀보다 짧게 물에 담가두어야 한다. 보리는 쌀보다 난분해성 탄수화물이 많이 포함되어 있고 당분질 원료 함유량이 낮으므로 쌀과 같은 방식으로 양조를 하면 안 되기 때문에 탁주나 약주를 양조할 때 더 세심한 주의가 필요하다.

보리의 단백질 함량은 약 10% 정도이며 단백질은 물과 친하거나 친하지 않은 양극의 기질을 갖고 있는데, 수용액 중에서 계면활성제 역할을 하여 보리로 술을 만들면 발효 중에 거품이 많이 생긴다.

밀은 배유부 83%, 밀기울 14.5%, 배아 2.5%로 되어 있는데, 밀가루로 이용되는 것은 쉽게 부스러지는 배유부이다. 이들을 따로 분리하지 않고 전체를 이용해서 분쇄한 것을 통밀가루라 한다. 통밀가루는 입자가 거칠어서 뭉쳤을 때도 일정 두께까지는 통기가 가능하고, 곰팡이 균사의 성장이 용이하며, 밀기울과 배아에 많이 함유되어 있는 단백질, 무기질, 비타민 함량도 높아 전통 누룩 제조에 주로 사용된다.

밀가루는 1960년대 후반부터 1990년대까지 막걸리 제조에 가장 많이 사용되는 전분 원료였으나 2000년대 들어 막걸리 원료로 쌀이 보편화되면서 주원료로 사용되는 양이 감소했다.

밀의 탄수화물 함량은 약 75% 정도이며, 밀을 가공한 밀가루는 탄수화물 함량이 73% 이상, 78% 미만이다. 통밀은 식이섬유 함량이 16% 정도로 매우 높으며, 단백질이나 회분 함량도 높다. 이러한 영양학적인 특징 때문에 통밀은 양조용으로서 전통적인 발효제인 누룩을 만드는 데 활용되어왔다. 이때 밀의 탄수화물뿐만 아니라 단백질이나 회분이 누룩 미생물 배양에 필수 요소로 작용한다.

밀은 단백질을 많이 함유한 곡류로서, 밀 단백질 중 가장 중요한 것은 글루텐이다. 글루텐은 밀가루 단백질의 약 70~80%를 차지하며, 글루텐의 점성 때문에 밀은 제빵용으로 많이 이용

누룩을 만들기 위해 맷돌로 통밀을 빻고 있다.

되고 있다.

좀 더 자세히 분류하면 단백질 함량이 많은 것은 강력분이고, 적은 것은 박력분이다. 일반적으로 밀가루 등급과 회분 함량이 1등품은 0.45% 이하, 2등품은 0.46~0.65%, 3등품은 0.66~1.00%로 되어 있다. 따라서 술에 이용하는 것은 가능한 전분질 함량이 많고 단백질 함량이 적은 박력분을 이용하는 것이 술의 수율이나 저장 중 품질 변화를 최소화하는 데 유리하다고 할 수 있다. 특히 막걸리와 약주의 원료로는 박력분 1등품이 가장 적합하고, 입국 제조용으로는 미생물 생육에 필요한 영양원 함량이 높은 박력분 2등품이나 3등품이 적합하다.

최근에는 밀을 100% 사용한 막걸리의 생산은 매우 적고, 대부분은 밀 입국을 이용해서 밑술을 만든 후 본 발효에서는 쌀을 이용한 막걸리들이 많이 생산되고 있다.

밀의 성분

구분	수분(%)	단백질(%)	지질(%)	회분(%)	탄수화물(%)	식이섬유(%)
밀(통밀)	9.2	13.2	1.5	1.5	74.6	16.0
밀가루(강력분)	13.0	12.7	0.5	0.4	73.4	2.7
밀가루(중력분)	12.4	9.4	1.0	0.2	77.0	2.8
밀가루(박력분)	12.8	8.7	0.8	0.2	77.5	2.5

출처 : 표준식품성분표 제8개정판, 농촌진흥청

조의 탄수화물 함량은 약 74~76% 정도 되며, 메조가 차조보다 높은 편이다. 조는 좁쌀이라고도 하는데, 좁쌀을 양조 원료로 이용하면 다른 원료에 비해 알갱이가 작고 껍질이 단단하며 섬유질이 많아 쉽게 분해되지 않는 특징이 있어 찌더라도 전분질의 분해가 어렵다. 따라서 다른 원료보다 찌는 시간을 늘려 충분히 익힌 뒤에 당화시키거나, 좁쌀을 곱게 가루를 낸 다음 백설기를 만들거나 구멍떡을 만들어 술을 빚는 데 사용하고 있다.

좁쌀은 특유의 향과 건강에 좋은 기능성을 가지고 있어서 양조 원료로 사용된다. 대표적인 좁쌀 발효주로 제주도 '오메기술'이 있고, 조를 첨가한 증류주로는 '문배주'와 '감홍로', '고소리술'이 있다.

조의 성분

구분	수분(%)	단백질(%)	지질(%)	회분(%)	탄수화물(%)	식이섬유(%)
메조	8.7	9.7	4.2	1.4	76.0	4.6
차조	12.2	9.3	3.0	1.5	74.0	3.1

출처 : 표준식품성분표 제8개정판, 농촌진흥청

　수수의 탄수화물 함량은 밀이나 조와 비슷한 76% 정도를 함유하고 있다. 단백질 함량이 약 10%, 지질은 약 3%, 식이섬유는 약 10%이며, 식량작물 중에서 특이하게 종피에 탄닌을 함유하고 있어 일반 곡식과는 다른 독특한 특성을 지니고 있다. 수수의 탄닌 성분은 폴리페놀의 일종으로, 몸의 산화를 방지해주는 항산화 기능이 있다.

　수수를 양조 원료로 이용하면 다른 원료에 비해 껍질이 단단하고 섬유질이 많아 쉽게 분해되지 않는 특징이 있어 찌더라도 전분질의 분해가 어렵다. 또한 탄닌이 많아 쉽게 산화되기 때문에 짙은 갈색으로 변하고, 향기도 산화취가 높아져 품질 유지가 어려운 단점이 있어 증류주의 원료로 많이 쓰이고 있다. 최근에는 쉽게 쓰기 위해 팽화수수를 이용하는 방법도 연구가 되고 있다.　수수를 사용하는 술로는 '문배주'와 '계명주'가 있다. 참고로, 수숫가루의 일반 성분은 수수와 비슷하지만 식이섬유가 없다는 것이 큰 차이점이다.

수수의 성분

구분	수분(%)	단백질(%)	지질(%)	회분(%)	탄수화물(%)	식이섬유(%)
수수	8.7	10.5	3.1	1.2	76.5	9.7
수숫가루	8.2	9.9	2.7	1.1	77.3	-

출처 : 표준식품성분표 제8개정판, 농촌진흥청

메밀은 생약으로 쓰이는 하수오, 소리쟁이, 대황 등과 같은 마디풀과에 속한다. 메밀의 탄수화물 함량은 약 75% 정도이며, 그중에 아밀로오스가 약 25% 함유되어 있다. 메밀의 가장 큰 특징은 루틴이라는 성분이며, 혈관 벽의 저항력을 향상시켜 고혈압 환자나 동맥경화증 같은 혈관계 환자에게 유용한 곡물로 알려져 있다.

메밀은 단메밀과 쓴메밀로 나뉘는데, 우리나라에서는 주로 식용으로 활용되는 단메밀이 재배되고 있으며, 쓴메밀은 차로 많이 이용되고 있다.

양조용으로는 막걸리를 만들 때 활용되고 있다. 메밀을 도정하면 껍질이 벗겨진 메밀쌀이 되는데, 이것을 그대로 갈아서 메밀가루를 낸다. 이 메밀가루는 쌀이나 밀가루를 찔 때 함께 혼합하여 양조용으로 사용된다. 일본에서는 메밀을 증류주 원료로 사용하는데, 2차 덧술 원료로 쓰면 증류 마지막 과정에서 쓴맛이 나거나 다른 곡류보다 숙성 시간이 많이 걸린다.

메밀의 성분

구분	수분(%)	단백질(%)	지질(%)	회분(%)	탄수화물(%)	식이섬유(%)
메밀	9.8	11.5	2.3	1.7	74.7	5
메밀가루	12.4	13.4	2.8	1.8	69.6	–

출처 : 표준식품성분표 제8개정판, 농촌진흥청

두류는 콩이나 녹두, 팥, 완두 등을 말하는데, 술에 쓰이는 것은 콩이나 녹두이다. 콩 중에는 외피에 안토시아닌을 다량 함유하고 있는 검정콩 품종이 막걸리용 부재료로 활용되고 있다.

녹두는 인도가 원산지이며, 한국, 중국 등 아시아 지역이 주산지로 알려져 있다. 녹두는 단백질 함량이 22% 정도로 높고, 탄수화물 함량은 62%로 낮다. 따라서 녹두는 양조용보다는 주로 누룩의 원료로 쓰이는데, 대표적으로 향온곡 제조에 사용된다.

두류의 성분

구분	수분(%)	단백질(%)	지질(%)	회분(%)	탄수화물(%)	식이섬유(%)
대두	9.7	36.2	17.8	5.6	30.7	–
녹두	10.9	22.3	1.5	3.3	62.0	8.2

출처 : 표준식품성분표 제8개정판, 농촌진흥청

　고구마는 열대 및 아열대 작물로서, 우리나라에서는 주로 남부 지방에서 많이 재배되고 있다. 고구마는 껍질에 함유되어 있는 색소에 따라 적자색, 홍색, 황색, 백색 등 색깔이 다양하다. 저장 조건은 온도 13℃, 습도 85~90%가 적당하며 냉장할 필요는 없다.

　고구마는 수분을 66% 정도 함유하고 있고, 탄수화물은 20~35% 정도로 쌀이나 보리의 약 1/3 수준이다. 고구마를 이용한 막걸리는 제조가 어려워서 주원료인 밀가루의 약 20%를 사용하며, 이러한 고구마막걸리를 1960년대에 개발했지만 만족할 만한 맛은 아니었다. 대부분은 수확 후 건조시켰다가 증류주용으로 많이 이용되며, 동일한 품종도 지역 및 기후에 따른 전분가(녹말값)의 차이가 커서 소주의 수득량에 큰 영향을 미치기도 한다. 일본에서는 생고구마를 찐 다음 쌀알누룩으로 발효시키고 증류한 고구마소주가 많이 판매되고 있다.

고구마의 성분

구분	수분(%)	단백질(%)	지질(%)	회분(%)	탄수화물(%)	식이섬유(%)
생것	66.3	1.4	0.2	0.9	31.2	2.6
마른 것	19.6	2.3	0.1	2.3	75.7	–

출처 : 표준식품성분표 제8개정판, 농촌진흥청

고구마를 발효 원료로 사용하기 위해서는 일반적으로 찐 다음에 당화 효율을 높이기 위해 큐브 형태로 작게 분쇄하여 원료로 사용한다.

감자 ———

감자는 수분이 약 83%이며, 단백질은 2.4%, 회분은 1%, 탄수화물은 약 14% 정도로 낮다. 감자는 품종에 따라 다른 전분 성질을 가지고 있어 찌고 나면 질감 차이를 나타내며, 감자 전분은 호화 시 점도가 높고 아밀로오스 분자량도 쌀이나 옥수수와는 다른 특성을 가진다.

감자는 탄수화물 함량이 낮아 쌀과 혼합하여 발효시킨 약주 형태의 발효주가 생산되고 있는데, 강원도 평창의 '서주'가 대표적이다.

감자의 성분

구분	수분(%)	단백질(%)	지질(%)	회분(%)	탄수화물(%)	식이섬유(%)
생것	82.7	2.4	0	1.0	13.9	0.7
가루	11.9	12.1	1.4	1.0	73.6	-

출처 : 표준식품성분표 제8개정판, 농촌진흥청

　　현재 주세법에서 허용하는 부재료는 전분질 원료로서 물엿이나 과당, 올리고당과 같은 당류와 과일, 채소류 등 다양한 과채류가 있다. 이들 부재료는 각 주종별로 사용량이 법적으로 정해져 있다. 즉, 탁주와 약주에 사용할 수 있는 당류는 전체 원료 대비 50%를 넘지 않아야 하며, 과채류는 20%를 넘지 않아야 한다.

　술의 부재료로 사용할 수 있는 당류에는 설탕(백설탕, 갈색설탕, 흑설탕 및 시럽), 포도당(액상포도당, 정제포도당, 함수결정포도당), 과당(액상과당, 결정과당), 엿류(물엿, 맥아엿, 덩어리엿), 당시럽류(당밀시럽 및 단풍당시럽), 올리고당류, 꿀 등을 포함시키고 있다.

포도당은 막걸리와 약주 등 주류의 알코올 생성에 중요한 물질이다. 발효 곡물 원료의 풍미가 강해 관능 품질에 나쁜 영향을 주거나, 단백질 함량 또는 폴리페놀 함량이 높아 색이 짙어지거나 침전물의 생성 속도가 빨라지는 등 술 품질에 부정적 영향을 주는 경우 포도당의 일정량을 발효 원료로 사용하면 개선이 가능하다.

과당은 고순도 결정과당과 포도당이 함유되어 있는 액상과당(고과당) 두 가지 성상의 제품이 시판되고 있다. 발효 원료로 사용할 때 포도당과 유사한 영향을 주기 때문에 포도당과 마찬가지로 사용량과 사용 시기에 세심한 주의가 필요하다. 과당의 설탕 대비 상대적 감미도는 1.3~1.4배 정도로 단맛이 매우 강해 쓴맛이나 신맛을 상쇄하는 작용이 있어 일반적으로 살균막걸리와 살균약주 제성 시 감미를 보완하기 위해 많이 사용한다. 또한 막걸리나 약주에 고과당을 쓰면 갈변 현상과 당의 알코올화가 빨라 단맛이 없어지며 알코올이 급속도로 생산될 수 있으므로 발효 시 주의해야 한다.

물엿도 막걸리와 약주 제조에 사용된다. 보통 정제하지 않고 사용하기 때문에 곡물 원료와 맥아 제조 과정에서 특유의 풍미를 내는 경우가 많아 개성 있는 품질이 구현될 수 있으며, 제성 시 감미 보완보다는 주로 발효 원료로 사용한다.

프락토올리고당은 설탕이나 과당에 비해 당도는 낮지만, 주질이 부드럽고 바디감을 증가시킬 수 있어 살균막걸리나 살균

다양한 부재료를 첨가한 술.
왼쪽부터 송순, 진달래꽃,
국화와 솔잎.

계룡백일주는 진달래꽃, 국화, 솔잎, 오미자를 넣고 빚는다.

약주 제성 시 감미료로 사용하면 효과적이다. 이소말토올리고당은 효모 이용 속도가 늦다는 특성이 있어 효모가 살아 있는 생막걸리를 제성할 때 사용하면 유통 중 주질 변화를 늦추고 청량감을 줄 수 있다. 그러나 생막걸리에는 효모 외에 젖산균도 살아 있으며, 이 젖산균이 이소말토올리고당을 영양원으로 쉽게 이용할 수 있으므로 생막걸리 중 젖산균이 많이 살아 있는 경우에는 젖산균 생육에 따른 급격한 주질 변화가 초래될 수 있다.

과실은 당분뿐만 아니라 유기산이나 폴리페놀 물질을 많이 함유하고 있어 술에 넣으면 품질을 크게 변화시킬 수 있다. 유기산이 많이 함유되어 신맛이 강한 과종에는 매실, 오미자, 유자가 대표적이며, 유기산 함량이 적은 것은 배, 오디, 무화과 등이다. 따라서 과실을 막걸리나 약주 등에 첨가할 때에는 이러한 특징을 잘 활용해야 한다.

과실의 맛은 신맛과 단맛, 떫은맛이 중요한데, 신맛을 내는 주요 유기산은 사과산(Malic acid), 구연산(Citric acid), 주석산(Tartaric acid)이며, 단맛을 내는 주요 당류로는 포도당, 과당, 글리세롤이 있다. 쓴맛과 떫은맛을 내는 폴리페놀성 물질인 안토시아닌, 플라보놀, 프로안토시아니딘 등도 과일에 많이 함유되어 있다.

약용술을 빚기 위해 사용되는 부재료로는 한의학에서 사용하는 한약재들을 꼽을 수 있다. 식품의약품안전처의 식품위생법은 술에 넣을 수 있는 한약재에 대하여 엄격히 규제하고 있다. 따라서 식약처의 '식품원재료데이터베이스'에서 반드시 사용 가능한지 여부를 확인해야 한다. 일반적으로 약재는 식용으로 허가되어 있지 않아 약재를 부재료로 사용하는 것은 매우 제한적이다.

주정은 주종에 따라 주원료가 되기도 하고, 부재료가 되기도 한다. 희석식 소주와 일반 증류주에서 주정은 주원료이지만, 청주나 과실주에서는 부재료가 된다. 청주에 있어서 주정 첨가량은 알코올 농도 30도를 기준으로 원료용 쌀 1kg 당 2.4ℓ 이하여야 한다. 또한 과실주의 경우 첨가하는 주정의 양을 전체 알코올량의 80% 이하로 제한하고 있다.

첨가물은 술의 맛과 향, 보존성, 제품의 가치 등을 향상시키기 위해 사용된다. 좀 더 자세히 설명하자면, 발효 환경의 개선을 통한 우량 효모 육성으로 술의 풍미 향상, 감미료나 산미료에 의한 맛의 기호 향상, 보존제 첨가에 의한 유통 기한 연장 및 기타 다양한 용도로 제품의 가치를 향상시키는 목적으로 사용된다.

일반적인 막걸리는 원주의 알코올 함량이 높아 제품으로 제조 시 물로 희석하기 때문에 맛이 묽어지고 가벼워져 단맛이나 신맛의 부족함이 느껴진다. 이때 포도당, 과당, 맥아당, 올리고당 등 당질계 당류를 첨가하면 살균주에는 유용하지만, 생주일 경우 유통 과정에서 효모 및 미생물이 당류를 소비하여 후발효 및 미생물의 성장이 일어나기 때문에 짧은 시간 안에 단맛이 사라지고 알코올 도수만 높아진다.

생주를 선호하는 소비자를 만족시키려면 효모에 분해되지 않거나 분해 속도가 느린 비당질계 감미료를 사용할 수밖에 없다. 대표적으로 막걸리 양조에 사용되는 감미료 아스파탐(Aspartame)이 있다. 아스파탐은 설탕보다 200배 이상 달아서 막걸리의 부족한 단맛을 보완하고 텁텁함과 쓴맛을 상쇄시키는 인공감미료이다. 막걸리에 아스파탐을 첨가해 단맛을 조절할 경우 제조장마다 다소 차이가 있으나 대략 0.005~0.015%(일반적으로 0.008%)를 첨가한다. 아스파탐의 유해성과 관련해서는 일일섭취허용량 범위(40mg/kg, 성인 기준 750㎖, 막걸리 약 33병) 내에서는 안전하다고 식품의약품안전처에서 설명하고 있다.

아세설팜칼륨은 설탕의 200~300배의 감미를 나타내고 높은 농도에서도 뒷맛이 느껴지는데, 중간 농도에서는 뒷맛과 불쾌한 맛이 느껴지지 않는다. 아스파탐, 설탕, 포도당, 과당 등과 혼합하면 감미의 상승 효과가 일어나며, 특히 아스파탐과 혼합 사용을 많이 한다. 안전성도 뛰어나 최근 막걸리 제조에 많이 사용되고 있다. 이밖에 효소처리스테비아, 수크랄로스 등 새로운 비당질계의 고감미료도 최근에는 사용되고 있다.

구연산이나 젖산 등의 유기산은 맛의 균형과 입 안에서 느껴지는 질감, 농도, 강도 등의 바디감을 향상시키기 위해 사용되기도 하며, 산도 조절의 역할로 유통 기한 연장에도 관여한다. 구연산은 부드럽고 상쾌한 산미, 사과산은 상쾌하면서 약간 쓴맛이 특징이라면, 젖산 같은 경우에는 산미가 부드러운 편으로 제품에 따라 자신에게 맞는 산을 선택하는 것도 제품의 품질을 향상시키는 좋은 방법이다.

아황산계 화합물과 소르빈산계 화합물은 과실주의 산화 방지와 미생물 번식을 억제시켜 보존성을 향상시키는 첨가물로 사용된다.

밑술 산도를 맞추기 위해 젖산을 넣고 있다.

최근 들어서는 발효 방식의 발달과 제성 비율의 변화로 아스파탐 또는 기타 감미료를 사용하지 않은 '감미료 무첨가 막걸리'도 다양하게 출시되고 있다. 상표의 원료 표기 사항에서 감미료나 산미료 등의 첨가물 사용 여부를 확인할 수 있다.

주요 첨가물의 특징

첨가물	특징 및 기능	분류
아스파탐	• 설탕 200배 내외의 단맛을 내는 대체 고감미료 • 체내에서 당 대사작용이 없는 저칼로리 감미료 • 인공감미료는 사용량 제한(스테비아는 천연 추출 감미료)	감미료
아세설팜칼륨		
효소처리스테비아		
과당	• 설탕 대비 1.4배 감미의 천연 당질계 감미료 • 저온에서 감미 상승 효과와 과실 느낌의 신선한 풍미	
구연산	• 부드럽고 상쾌한 산미와 용해도가 우수 • 산도 조절에 의한 보존성 향상 효과	산미료
젖산		
아황산계 화합물	• 주로 과실주의 산화 방지, 보존의 목적으로 사용	보존료
소르빈산계 화합물	• 곰팡이, 효모, 세균 등 미생물 증식 억제의 목적으로 사용	

예로부터 "좋은 물이 솟는 곳에는 좋은 술이 만들어진다"고 했다. 물은 무색(無色), 무취(無臭), 무미(無味)한 게 순수함의 기준이며, 미량의 무기이온, 유기물, 미생물 등에 의해 좋은 물과 나쁜 물로 구분된다.

술이 포함하는 물의 함량은 발효주인 막걸리, 약주, 청주가 약 80~90%, 증류주인 소주류가 약 50~80%를 차지한다. 따라서 물의 품질이 술맛에 큰 영향을 미치므로 양조에 있어서 좋은 물 선택이 우선적으로 고려되어야 한다.

술을 만들 때에 주종에 따라 다르지만, 원료량의 20~50배 정도의 물이 필요한데, 술을 담그는 과정에서 쌀을 씻고, 불리고, 술을 발효시키고, 알코올 도수를 조절할 때 주로 사용된다. 부수적인 공정에서 물은 냉각용, 세척용, 보일러용 등으로 사용된다.

양조용수로서 갖추어야 할 조건은 맑고 투명하며, 이취와 특이한 맛이 없는 오염되지 않은 물이어야 하고, pH는 6.5~8.0 사이의 미산성이나 중성 또는 약알칼리성이어야 하며, 술맛을 저해하고 품질에 영향을 미치는 유해 성분인 철, 망간, 중금속 등의 금속이온, 암모니아성 질소, 유기물, 유해 미생물이 기준치 이하여야만 한다. 특히 과량의 철이나 망간과 같은 금속이온은 숙성이나 유통 중에 술의 변색과 침전을 유도한다.

적당량의 칼륨, 인산, 마그네슘, 칼슘 등은 양조에 있어서 미생물의 번식과 효모의 생육에 필요하지만 최종적인 술맛에도 영향을 미친다. 다만 이러한 미량의 미네랄들이 부족하다고 해서 발효 과정과 술맛에 크게 문제가 되지는 않는다. 부족한 미네랄은 술의 원료인 쌀이나 부원료들에서 충분히 공급되기 때문이다.

미네랄이 많이 포함된 물을 흔히 센물이라 하며, 경수(硬水)라 부른다. 경수는 흔히 경도 120 이상으로 칼슘과 마그네슘이 많이 녹아 있는 물로서 효모 생육이나 발효 촉진에 유리하다. 반면 신맛 또는 쓴맛이 강해져 거칠고 진한 맛을 내는 특징이 있다. 연수(軟水)는 단물이라 하여 가볍고 부드러운 맛을 내는 데 적합하다. 이러한 특징들 때문에 "물맛이 술맛을 좌우한다"라는 말이 생겼다.

외국에서도 물의 특징에 따라 지역적으로 특색 있는 술들이 발전해왔다. 독일에서는 석회질이 많은 지하수의 영향으로 음용수를 대체하기 위한 맥주 산업이 발달했고, 프랑스를 포함한 주변의 유럽 내륙 국가들도 지하수가 땅속에 오래 머물며 경도가 높아져 물맛이 좋지 않기에 와인 산업의 발달에 영향을 미쳤다고 볼 수 있다. 경수가 많은 중국도 물을 직접 이용하는 발효주보다는 증류주가 발달했다. 일본은 섬이자 화산지형이라는 특성상 지하수가 땅속에 머무는 기간이 짧아 미네랄이 풍부하지 않은 연수를 이용한 청주 산업이 발달했다.

한편, 대중 주류인 희석식 소주와 맥주에 사용되는 물은 대부분 지하수나 수돗물을 그대로 사용하는 것이 아니라, 다양한 정수 시스템을 활용하여 미네랄과 금속이온 등이 거의 제거된 연수(軟水) 또는 순수(純水)를 사용하는 게 일반적이다. 이러한 술맛의 특징은 쓴맛이 줄어들고, 가볍고 부드러운 목넘김 등의 기호성을 높이는 효과를 나타낸다.

양조에 사용되는 물은 반드시 '먹는 물 관리법' 규정에 의한 먹는 물의 수질 기준에 적합한 지하수 또는 수돗물을 이용해야 한다. 지하수의 경우는 6개월마다 수질 분석이 필수이며, 수돗물은 수질 분석 사항이 면제된다. 다만, 수돗물에는 소독을 위한 염소 처리로 잔류염소취가 나타날 수도 있으나, 자연적으로 휘발되는 특징이 있어 양조에 크게 문제 되지는 않는다.

발효제는 우리나라 고유의 전통적인 누룩(곡자)을 비롯해 술의 원료에 곰팡이류를 인위적으로 번식시킨 입국, 그리고 1960년 이후에 새로 개발하여 사용되고 있는 조효소제(개량 누룩), 정제효소제 등이 있다.

누룩(곡자)

누룩은 곡자, 국얼, 국자, 주매, 은국으로 불리지만,『표준국어대사전』에는 '술을 빚는 데 쓰는 발효제'로,『새우리말 큰사전』에는 '곡물을 쪄서 누룩곰팡이를 번식시킨, 술을 빚는 데 쓰는

누룩(곡자)의 단면은 황회색 또는 회백색으로
군사가 충분히 파고들어간 것이 좋고, 발색 부분이 많은 것은
수분 과다에 고온 경과가 지속된 것으로 좋지 않다.

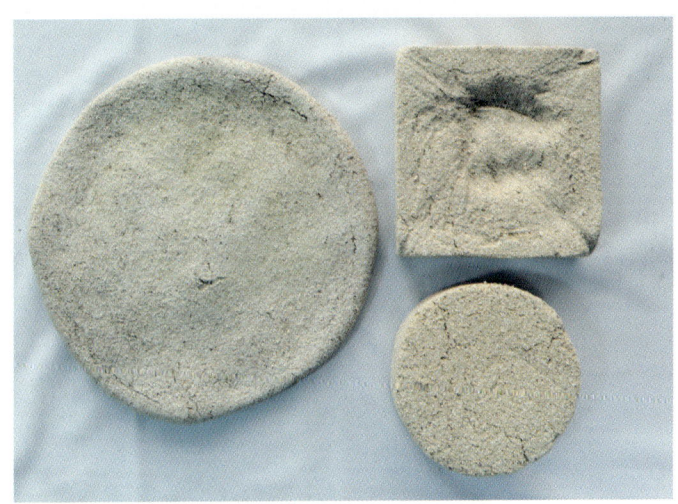

통밀을 빻아서 만든 전통 누룩

입국(쌀누룩)

개량 누룩

상주 은척양조장의 누룩방

발효제'로 풀어놓았다.

　누룩은 날곡류 자체가 함유하고 있는 효소와 여기에 '리조푸스(거미줄곰팡이, *Rhizopus*)속', '아스퍼질러스(국균, *Aspergillus*)속', '뮤코르(털곰팡이, *Mucor*)속' 등의 사상균과 효모 및 기타 균류가 번식하여 각종 효소를 생성 분비하고 있는 국의 일종이며, 많은 야생효모를 지니고 있으므로 밑술(주모)의 모체 역할을 겸한 발효제의 일종이다. 현재 주로 사용하고 있는 누룩은 통밀 등을 분쇄하여 만든다.

　전통 누룩은 다양한 형태로 만들어졌으며, 주종이나 사용 원료에 따라 수십 종이 알려져 있다. 뭉침누룩(떡누룩, 병국)은 원료 분쇄 정도에 따라 곡류를 곱게 분쇄한 분말로 만든 분국, 거칠게 분쇄한 분말로 만든 조국, 한약재(쑥, 여뀌, 녹두, 도꼬마리, 천초, 생강, 연꽃, 매화꽃, 복합 한약재 누룩)를 첨가한 초국으로 분류한다. 뭉침누룩과 대별되는 흩임누룩(산국)은 곡물의 낱알이 흩어져 있는 누룩이다.

　누룩(곡자)의 단면은 황회색 또는 회백색으로 균사가 충분히 파고들어간 것이 좋고, 발색 부분이 많은 것은 수분 과다에 고온 경과가 지속된 것으로 좋지 않다. 전체적으로 얇게 제조한 누룩은 짧은 시간에 숙성되어 색상은 좋지만, 외측 수분이 빨리 증발되어 당화력(효소나 산(酸) 따위가 다당류를 단당류나 이당류로 변화하게 하는 능력)이 나빠질 수 있다. 또한 향미가 깊지 않고 술지게미가 많이 생긴다. 따라서 온습도 조절을 할 수 있는 누룩 발효실에서 띄우는 것이 가장 적합하다.

두껍게 성형한 누룩은 내부의 수분 발산이 어려워 품온이 높아질 수 있고, 고온에서 잘 생육하는 나쁜 미생물이 존재할 수 있다. 외측의 수분은 공기 중으로 쉽게 날아가지만 내부는 수분 발산이 어려워 중심부가 썩어들어가기 쉽다. 성형할 때 단단히 밟지 않으면 발효될 때 부풀어오른 틈으로 나쁜 미생물이 번식하여 부패하기 쉽다. 특히 집에서 여름 삼복에 누룩을 빚으면 온습도가 적당히 조절되어 좋은 누룩을 얻을 수 있다.

누룩에는 리조푸스, 아스퍼질러스, 압시디아, 뮤코르 등의 곰팡이와 '사카로미세스(Saccharomyces)속'의 효모와 고초균, 젖산균 등이 생육한다. 이들 미생물은 특별히 접종한 것이 아니며 원료나 제조 과정에서 들어간 야생균주들이다.

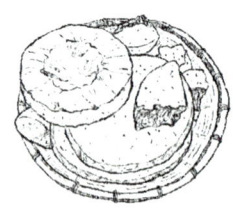

따라서 누룩은 제조 지역이나 제조 방법에 따라 미생물상이 각기 달라질 수 있으며, 이로써 독특한 누룩을 만들 수 있다. 같은 지역이라 해도 계절과 제조 시기에 따른 미생물 간 차이로 누룩의 특색이 달라지기도 하며, 특히 관여하는 누룩곰팡이에 따라 누룩의 색상이 결정된다.

입국 ──────

입국은 쌀, 보리, 밀가루를 찐 후 순수 배양한 곰팡이 종국을 집중·배양한 홀임누룩이다. 입국은 일본식 코지(쌀누룩)의 일종인 발효제이며, 곰팡이가 생성한 유기산은 주모의 잡균 증식

입국

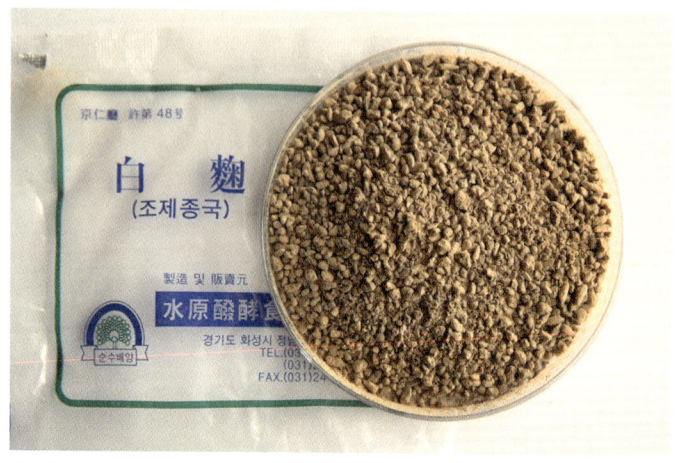

막걸리 양조장에서 입국을 만들 때 사용하는 백국

을 억제하여 안전한 발효에 기여한다. 곧바로 곰팡이를 배양하기 때문에 국 자체가 발효제인 동시에 원료이다.

입국은 주로 아스퍼질러스속의 곰팡이를 사용하며, 균총 색깔에 따라 백색인 백국균(*Aspergillus luchuensis*), 황색인 황국균(*Aspergillus oryzae*), 흑색인 흑국균(*Aspergillus niger, Aspergillus awamori*)으로 나뉜다. 이들은 당화력과 단백질 분해력이 강하여 막걸리, 약주, 청주, 증류주, 고량주를 비롯하여 식초류, 장류(된장, 간장), 음청류(감주) 등의 양조 산업에 많이 사용된다.

우리의 막걸리와 약주 제조용으로는 백국균을, 일본의 일본 청주 제조용으로는 황국균을, 중국과 대만의 홍주 제조용으로는 홍국균(*Monascus ruber*, red yeast rice)을 많이 사용한다. 현재 널리 사용되고 있는 백국균은 흑국균에서 변이된 종으로

알코올 생성 과정

전분이 당으로 분해되고, 당이 알코올로 변하는 과정

누룩에서 전분 분해효소가
술덧으로 용출됨

분해효소가 전분을
절단하여 당화 및
액화시킴

효소가 전분을 단당으로
절단하면 효모가 섭취함

'아스퍼질러스 루추엔시스(*Aspergillus luchuensis*)'라 불린다.

막걸리의 입국은 주로 백국을 사용하고 있다. 백국은 황국과 달라서 산 생성이 강하므로 술덧에서 잡균의 오염을 방지하기 때문이다. 백국균은 황국균에 비해 번식이 약하여 백국균에 의해 황국균이 오염되는 경우는 거의 없다. 반대로 두 가지 입국균을 취급할 경우, 백국균은 황국균으로부터 오염을 받을 우려가 많다.

입국균의 아밀라아제 조성을 비교하면, 황국균은 α-아밀라아제가 많고 비내산성인 데 비하여 백국균은 당화형의 내산성 아밀라아제와 많은 산(주로 구연산)을 생성하므로 초기 담금의 pH

가 3.1~3.3 정도가 되기 때문에 여름철 발효에 대단히 유효하다.

입국의 힘은 입국 자체의 분해와 효소력의 총합으로 결정된다. 일반적으로 노국(오래 배양한 입국)이 당화력과 산이 강하며 술덧의 발효가 안전한 반면, 입국 자체의 전분 손실이 많아지며 주질이 나빠지므로 주의해야 한다.

조효소제 ─

조효소제는 녹말을 함유한 곡물에 인위적으로 우량한 당화효소 생성균을 번식시킨 것으로, 주로 가락누룩 형태로 제조한다. 이때 사용되는 당화효소 생성균은 일반적으로 전통 누룩의 리조푸스속(*Rhizopus SP.*)과 아스퍼질러스 우사미(*Asp. usamii*), 아스퍼질러스 오리제(*Asp. oryzae*) 등이다. 조효소제는 전통 누룩보다 안정된 맛과 높은 당화력을 동시에 추구한 것이다.

정상적인 제조 관리로 만들어진 조효소제는 구수한 향취를 풍기는 회백색 과립 상태의 제품이며, 이취가 발생하는 것은 좋지 않다. 조효소제는 내산성 당화력이 존재하므로 첫 담금(수국 또는 초단 담금)할 때 주로 사용하는데, 덧담금할 때 사용해도 무방하다. 이는 자가제조 입국의 불균형성에서 오는 역가 부족을 보강하여 발효의 안정도를 높이는 데 사용된다.

고체나 액체 배지에 당화효소 생성 곰팡이를 배양한 후 전분
질을 당화·분해시키는 효소만 추출·분리한 것을 말한다. 덧담
금할 때 물을 첨가하여 사용한다. 일반적으로 α-아밀라아제와
글루코아밀라아제 등이 혼합되어 있다. 대규모 제조 시 안정적
인 당화를 위해 보조제로 사용한다.

주종별 사용되는 국의 종류
- 탁주·약주 : 입국(백국), 누룩, 조효소제, 정제효소제
- 청주 : 입국(황국, 백국), 누룩
- 고량주 : 누룩
- 주정 : 조효소제, 정제효소제, 액체국
- 소주 : 입국(백국, 흑국), 누룩
- 맥주, 위스키 : 엿기름(맥아)

대표적인 술의 주재료

쌀과 밀.

※쌀과 밀은 술의 주원료뿐만 아니라 발효제로도 사용.

멥쌀과 찹쌀

아밀로오스와 아밀로펙틴의 함유 비율에 따라 구분.

찹쌀이 술 빚기에 좋은 이유 : 수분 흡수 용이, 발효 시 효소에 의해 분해 용이, 지게미가 적음, 제조 공정상 작업이 쉬워 양조용으로 많이 이용.

밀가루

1960년대 후반~1990년대까지 막걸리 제조에 가장 많이 사용된 주원료.

최근 쌀이 보편화되면서 사용량 감소.

통밀가루

입자가 거칠어 뭉쳤을 때 통기가 가능, 곰팡이 균사의 성장 용이, 밀기울과 배아에 함유된 단백질, 무기질, 비타민 함량이 높아 전통 누룩 제조에 주로 사용.

발효제

누룩 : 우리 고유의 전통 발효제.

입국 : 곡물을 찐 후 곰팡이류를 파종하여 번식시킨 발효제.

조효소제(개량 누룩), 정제효소제 : 1960년 이후 새로 개발한 발효제.

발효제의 성분과 활용법

발효제의 성분

발효제는 공통적으로 여러 종류의 효소를 분비하고 있으며, 발효제 자체
역시 이들 효소의 작용을 받아 대사물을 생산한다. 발효제는 주세법상으
로 국(麴)과 밑술(주모)로 구분된다. 국은 녹말과 기타 물료를 혼합한 것
에 곰팡이류를 번식시킨 것이나, 효소로서 녹말을 당화시킬 수도 있다. 술
덧에서 국이나 원료에 작용하며, 아밀라아제 계통의 효소는 전분을 분해
시켜 당분을 만들고, 프로테아제 계통의 효소는 단백질을 분해시켜 아미
노산을 만든다.

당화효소원으로 서양에서는 보리를 발아시킨 맥아의 효소를 사용했고,
동양에서는 곡류를 이용한 술덧 숙성 중에 전분질을 분해하여 포도당으
로 만들어주는 효소원(酵素源)으로 미생물이 생성한 효소를 이용했다.
그 종류는 누룩(한국), 酒麴(Jiǔqū, 중국), Koji(일본), Murcha/Marcha(인
도, 네팔), Banh Men(베트남), Paeng(라오스), Loog Pang(태국), Mochi
kouji(미얀마), Mae Domba(캄보디아), Ragi(인도네시아, 말레이시아),
Bubod(필리핀) 등이 있다.

현재 일반적으로 일본은 곡류에 황국균이나 흑국균을 접종하여 당화효소

를 생성시킨 홑임누룩을 만들어 사용하고, 한국·중국·동남아시아에서는 곡류를 분쇄하고 물로 반죽하여 덩어리로 만들어 곰팡이를 증식시킨 뭉침누룩을 만들어 사용한다.

이러한 당화제에 함유된 효소를 살펴보면 다음과 같다.

아밀라아제(amylase)

아밀라아제는 전분의 α-1, 4-글루코시드 결합 또는 α-1, 6-글루코시드 결합을 가수분해하는 효소로, 고등식물, 동물, 미생물(세균, 곰팡이, 효모)에서 발견되며, 술, 맥주, 포도당, 물엿 등의 식품 제조 및 직물의 풀빼기에 이르기까지 다양하게 이용되는 효소이다. 보통 곰팡이균의 아밀라아제는 50~60℃에 작용하면 맥아당을 많이 생성시키는데, 이 이상의 고온일 때는 호정분(dextrin)이 많이 생긴다.

따라서 아밀라아제가 작용하는 최적 온도는 50~60℃이다. α-아밀라아제(액화효소)는 고온, 알칼리성에서 안정성이 있지만, 글루코아밀라아제(glucoamylase(당화효소))는 저온, 산성에서도 안정성이 있는 것이 특징이다. 아밀라아제의 최적 pH는 α-아밀라아제는 pH 5.0~6.0, β-아밀라아제는 4.0~5.8, 당화형 효소는 4.0~4.5이다. 당화작용은 식염, 염화칼슘, 황산마그네슘 들이 존재하면 촉진되는 성질이 있으나, 식염의 농도가 진한

아밀라아제의 작용

– α-아밀라아제의 작용점

α-아밀라아제에 의한 아밀로펙틴의 가수분해

녹말 분자   α-아밀라아제   나뭇가지 모양 분자

용액일 때는 느려진다. 또한 주정이 존재할 경우에도 그 농도에 비례하여 당화작용이 떨어진다.

● *α*-아밀라아제(*α*-amylase)

전분에 작용하여 무작위로 전분 사슬을 절단(endo type)해 호정과 일부 맥아당을 생성하는 효소로, 이 호정 중에 *α*-1, 6-결합을 갖고 있으므로 호정화효소 또는 액화효소라고도 부른다. 주로 사람의 타액이나 맥아 등에 존재하지만, 미생물에 있어서는 세균, 곰팡이에 널리 존재한다. 세균에서는 바실루스 서브틸리스(Bacillus subtilis, 고초균), 곰팡이 중에는 아스퍼질러스(Aspergillus), 리조푸스(Rhizopus), 압시디아(Absidia) 등 국균 속의 균주들이 이의 대표적 생산균이다. 전분의 최종 분해 생성물은 맥아당(maltose), 호정(dextrin), 소량의 포도당(glucose)이다.

● *β*-아밀라아제(*β*-amylase)

전분에 작용하여 아밀로오스(amylose)나 아밀로펙틴(amy-lopectin)의 비환원성 말단에서 맥아당 단위로 분리(exo type)하는 당화효소이다. 주로 맥아, 소맥, 감자, 대두 등에 많이 존재하고 미생물에서도 그 존재를 확인할 수 있다. 전분의 *α*-1, 4-글루코시드 사슬의 비환원성 말단에서 순

β-아밀라아제에 의한 아밀로펙틴의 가수분해

차적으로 분해시켜 맥아당(maltose)을 유리하며, 아밀로펙틴과 글리코겐 (glycogen)의 α-1, 6-글루코시드 결합에 이르면 분해가 완료된다.

● 글루코아밀라아제(glucoamylase)
전분 분자의 비환원성 말단에서 글루코스(glucose) 분자 단위(cxo type) 로 α-1, 4 결합을 끊는 것으로, β-아밀라아제가 끊지 못하는 α-1, 6 결합까 지도 끊는다. 전분 분자를 거의 100% 글루코스로 분해할 수 있는 당화효 소로, 전분을 원료로 글루코스 제조나 발효 공업에서 당화제로 사용된다. 곰팡이 계통인 리조푸스, 아스퍼질러스 등에서 생산된다.

● 아밀로-1, 6-글루코시드 가수분해효소(amylo-1, 6-glucosidase)
아밀로펙틴, 글리코겐 등의 α-1, 6-글루칸 결합을 가수분해해서 α-1, 4 결 합으로만 되는 아밀로오스를 만든다. 효모, 감자, 두류, 동물조직, 소화액 등에 들어 있다.

프로테아제(protease 또는 proteolytic enzyme) : 단백질 분해효소
단백질을 분해하는 효소류의 총칭으로, 곰팡이는 산성, 중성 및 알칼리 프 로테아제 3종의 단백분해 효소를 생성하는데, 이의 비율은 배양할 때의

pH에 영향을 받는다. 작용에 있어서는 펩신, 트립신 같은 작용과 펩티다아제의 작용도 한다.

청주와 맥주를 맑게 여과하는 데 이용되고 있으며, 엑소펩티다아제(exo-peptidase)와 엔도펩티다아제(endo-peptidase)로 나누어진다. 엑소펩티다아제는 긴 사슬 단백질의 말단으로부터 아미노산 단위로 가수분해한다. 엔도펩티다아제는 단백질의 내부에 위치하는 펩티드 결합을 가수분해하며, 효소에 따라 그 위치는 다르다.

일반적으로 병행복발효의 술 발효에 있어서 프로테아제는 누룩에 있는 곰팡이에서 생성되며, 술덧 중 고두밥이나 국에 들어 있는 단백질의 30~40%를 분해하여 아미노산이나 펩타이드로 분해된다. 여기서 생성된 아미노산의 일부는 효모가 이용하고 나머지는 술의 구성 성분이 되어 발효주에 감칠맛 등을 생성하는 데 도움을 준다.

리파아제(lipase)

지방에 작용하여 지방산과 글리세린을 생성하는 효소이다. 또한 분해와 합성의 두 작용을 한다. 리파아제의 최적 온도는 35~40℃이고, 최적 pH는 6.7~8.6이다. 원료인 쌀을 도정하면서 쌀의 지방은 제거되므로 술덧 속 지방은 아주 적은 상태이다. 일반적으로 지방은 리파아제에 의해 분해되어 지방산과 글리세린을 생성하고, 지방산은 알코올과 결합해 에스터화되며, 이렇게 만들어진 에스터 화합물은 발효주에 특정 향기를 만들어낸다.

발효제의 활용법

밑술(주모)에서

밑술은 발효를 담당하는 효모를 확대 배양한 것을 말한다. 밑술은 술덧에 비하여 물을 적게 넣어 배지 농도가 진하고(급수를 줄임), 산도가 높으며, 배양 온도가 낮다.

밑술에는 많은 수량의 건전한 효모와 산(수국 밑술은 구연산, 누룩 밑술

밑술단지는 작고, 산소 공급이 원활해야 하기 때문에 뚜껑이 열려 있는 것을 흔히 볼 수 있다.

건전한 밑술을 제조하기 위해서는
발효실과 완전히 분리된 밑술실을 확보해야 한다.
건전하지 못한 밑술을 사용하면 오히려
덧술 발효에서 변패의 우려가 있다.

은 젖산이 주도)이 존재해야 한다. 산에 의하여 밑술과 덧술 초기에 잡균을 방지할 수 있다.

건전한 밑술을 제조하기 위해서는 발효실과 완전히 분리된 밑술실을 확보해야 한다. 건전하지 못한 밑술을 사용하면 오히려 덧술 발효에서 변패의 우려가 있다.

발효제에 따른 당화력과 국 사용 비율

발효제 종류	당화력(SP/g)	쌀 대비 국 사용 비율
전통 누룩	300 이상	9% 이하
개량 누룩	1,200 이상	2.3% 이하
조효소제	2,400 이상	1.2% 이하
정제효소제	15,000 이상	0.27% 이하
입국(백국)	60 이상	45% 이하
맥아	300 내외	9% 내외

● 입국 밑술

백국을 파종하여 만든 입국만을 원료로 한 밑술이며, 입국이 생성한 구연산으로 안전도를 유지할 수 있는 pH 4 이하가 자동적으로 조절되어 경제적이고 간편하다.

● 누룩 밑술

누룩(곡자)을 사용하여 제조한 밑술로 소규모 프리미엄 막걸리를 만드는 양조장에서 주로 사용하는 전통 방식이다.

덧술에서

전통 술 빚기에서는 술 빚는 절차를 크게 밑술과 덧술로 나눈다. 세 번으로 나눠 담글 때는 밑술, 중밑술, 덧술 또는 밑술, 덧술, 재덧술로 구분하기도 한다. 양조장에서는 술 빚는 절차를 크게 주모, 1단 담금, 2단 담금, 3단 담금으로 나눈다. 이는 일본 양조 기술의 영향을 받아 설정된 개념이다. 전통 술과 개량된 양조장 술 제조법이 혼용되면서 밑술과 주모를 같은 개념으로 쓰기도 하고, 밑술 단계를 주모와 1단 담금까지 보기도 한다.

전통 술 빚기에서 발효제는 밑술에서 주로 누룩을 쓰는데, 밑술이 힘이 없거나 덧술과의 간격이 길 때는 덧술에서 누룩을 넣기도 한다. 요사이는 누룩과 함께 효모를 사용하기도 하며, 전통 방식을 고수하기 위하여 누룩만 사용하기도 한다.

양조장 술 빚기에서는 주모에서 입국과 효모를 넣고, 1단 담금에서는 밑술 제조 공정의 제2 단계로 보아 입국을 추가로 넣는다. 입국의 역가가 부족해서 발효가 늦어질 때는 조효소제나 정제효소를 추가로 넣어 발효를 진행시키기도 한다. 2단 담금에서는 1단 담금한 용기에 추가 원료와 물을 넣고 당화효소제(누룩, 조효소제, 정제효소제)를 넣는데, 이때 제품의 특성에 따라 누룩, 조효소제, 정제효소제 등을 혼합하거나 단독으로 사용하기도 한다. 2단 담금한 뒤에 약 5시간 정도 지나면 물에 침출된 효소가 원료 속으로 충분히 흡수됨에 따라 당화와 동시에 알코올 생성이 활발해진다.

양조 미생물

곰팡이

곰팡이(mold, mould)는 실과 같은 균사(菌絲, hyphae)를 가지며, 광합성을 하지 않고 포자를 만들어 번식하는 미생물로 사상균(絲狀菌)이라고도 한다. 포자낭이 터지면 포자가 공기 중을 떠다니다 떨어져 적당한 환경이 갖추어지면 발아(發芽, gerimination)하여 균사를 만들며 증식한다.

곰팡이의 콜로니는 일반적으로 젊을 때는 백색이지만, 성숙하면 포자를 착생하여 이 포자의 색에 따라 황색, 녹색, 청색, 갈색, 흑색 등의 독특한 색을 띠어 황국균, 백국균, 흑국균 등으로 불리기도 한다. 또한 균사체에서 황색, 적색, 흑색 등의 색소를 배지에 분비하는 것도 있다.

일반적으로 곰팡이는 빛이 없는 호기적(好氣的) 조건에서 자란다. 영양원을 보면, 탄소원은 유기물을 요구하지만, 질소원은 무기화합물을 이용하고, pH 5~6.5 정도의 산성 쪽을 좋아한다. 생육 온도는 보통 0~50℃로 넓지만 최적 온도는 25~30℃ 정도이다.

양조와 관련된 미생물로 알려진 대표적인 사상균은 접합균류의 뮤코르속, 리조푸스속, 압시디아속과 부정자낭균류(Plectomycetes)의 아스퍼질러스(Aspergillus)속, 모나스쿠스(Monascus)속 및 반자낭균류

(*Hemiascomycetes*)의 유포자 효모가 있다.

리조푸스속(*Rhizopus*, 거미줄곰팡이속)

토양, 공기 등에 넓게 분포되어 있으며 흔히 과일이나 곡류를 부패하게 한다. 우리나라 및 중국의 양조에 사용되며 약한 단백질 분해력이 있으나 전분 당화력과 유기산 생산능력이 좋아 발효산업에 이용되는 종류도 많다.

아스퍼질러스속(*Aspergillus*, 국균속)

누룩에 서식하는 곰팡이로 그 종(種, species)이 다양하며 전분 분해효소를 생산하여 알코올 원료인 포도당을 만드는 역할을 한다. 국균이라 총칭되는 곰팡이는 전분 당화력 및 단백질 분해력이 강한 균주가 많다는 점을 이용, 탁주, 약주, 청주, 소주나 간장, 된장 제조에 널리 사용되는 균주들이 포함된다.

● 아스퍼질러스 오리제(*A. oryzae*, 황국균)

균총의 색깔이 백색에서 황색을 거쳐 오래되면 갈색으로 변한다. 아밀라아제(amylase) 및 프로테아제(protease) 생성 능력이 커서 양조 산업에 널리 이용되며, 만들어진 입국으로부터 효소들을 추출하여 소화제 제조에 이용되기도 한다.

● 아스퍼질러스 루추엔시스(*A. luchuensis*, 백국균)

소주의 양조에 사용되는 흰색 누룩곰팡이로 산 생성 능력이 우수한 균으로 초기 잡균 번식에 유용한 균이며, 현재 국내 탁주 제조장에서 입국으로 널리 이용되고 있다. 예전에는 '*A. kawachii*'라는 이름으로 불렸지만 최근 학명이 수정되어 '*A. luchuensis*'로 불린다.

다양한 누룩 미생물

리조푸스(*Rhizopus*)속

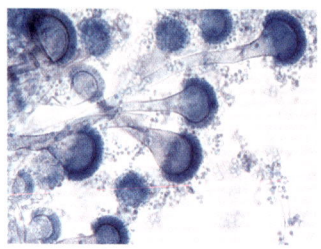

아스퍼질러스(*Aspergillus*)속

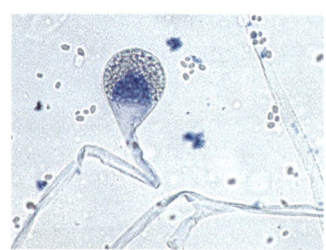

압시디아(*Absidia*)속

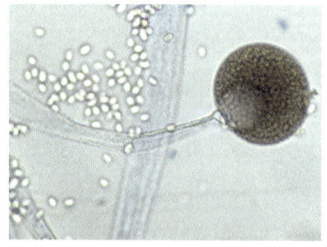

뮤코르(*Mucor*)속

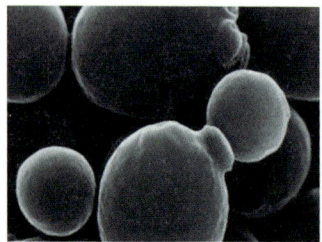

사카로미세스(*Saccharomyces*)속

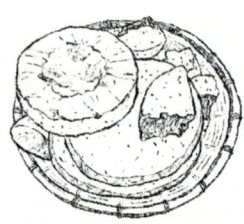

출처 : 탁·약주 개론

● 아스퍼질러스 니게르(*A. niger*, 흑국균)

포자가 흑색으로 강한 산성에서도 잘 자란다. 전분 당화력이 강해 소주 생산에 이용되고, 펙틴 분해력이 커서 펙틴 분해효소(pectinase)는 과일주스를 맑게 여과할 때도 사용된다.

효모

효모는 당분을 이용해 알코올과 탄산가스를 만든다. 탁주, 약주, 청주, 와인, 맥주 등 주정음료와 빵, 된장, 간장 등 발효식품에서 알코올 생성을 담당하는 균주다. 양조효모의 종류는 풍부한 향을 만들어내는 효모, 맛을 조화롭게 하는 효모, 깨끗한 끝맛을 내는 효모 등 매우 다양하다. 진균류에 속하지만 곰팡이와는 달리 균사를 만들지 않는다. 크기는 1~5μm, 길이는 5~30μm이지만 환경 조건에 따라 변동이 심하고, 모양도 계란형, 구형, 타원형, 사상형, 소시지형 등 균주에 따라 다르다. 자연계에는 과실의 표면, 나무껍질, 꽃, 토양, 곤충의 체내 등에 널리 분포한다.

자연계로부터 바로 분리한 상태의 효모를 야생효모(wild yeast)라고 하고, 자연계에서 분리한 우수한 성질의 효모를 목적에 따라 오래 길들이면서 계대배양한 것을 배양효모(culture yeast)라고 한다. 상업적으로 공급되는 효모가 배양효모에 속한다.

효모의 증식은 분열증식을 하는 스키조사카로미세스(*Schizosaccharomyces*) 이외에는 출아(出芽, budding)에 의해서 이루어진다. 출아는 성숙한 세포의 표면에 작은 아세포(芽細胞, bud cell)가 생기고, 이것이 점차 커지면서 핵이 옮겨가고, 원세포와의 사이에 새로운 세포벽이 생기면서 독립된 세포가 된다. 출아는 세포의 여러 곳에서 일어나는 경우가 많은데, 이를 다극출아(多極出芽, multilateral budding)라고 한다.

술 발효에 이용되는 효모는 주로 사카로미세스속에 해당하는 미생물이다. 이러한 효모들은 자연 상태에 널리 분포하며, 당류를 사용하여 알코올을 만든다. 맥주 발효에 사용되는 대표적인 효모에는 발효가 진행되는 동안 기포와 함께 발효액 표면으로 부상하는 상면효모(Sacch. cerevisiae)와 발효 말기에 응집하여 바닥으로 침강하는 하면효모(Sacch. carlsbergensis)가 있다. 효모는 알코올 발효 외에 다양한 대사 생성물을 만들어 술의 맛과 향기에 결정적인 영향을 미친다.

최근에는 술 발효에 편리한 건조효모를 많이 사용하고 있다. 건조효모는 수분을 약 8% 정도 함유하도록 만든 것으로, 생효모에 비해 보관이 쉽고 사용 방법이 간단하여 많은 양조장에서 사용한다. 하지만 건조효모의 개체수는 생효모의 약 1/3로 적어 사용량을 잘 확인해야 하며, 사용 전에 미리 당분이 있는 곳에 배양을 해서 활성화를 시켜줘야 하는 번거로움이 있다.

● 사카로미세스 세레비시아(Saccharomyces cerevisiae)
맥주, 포도주, 청주, 알코올, 빵 등의 제조에 사용하는 효모로, 영국식 맥주 에일(ale) 발효에 이용하는 상면발효효모가 여기에 해당한다.

● 사카로미세스 카를스베르겐시스(Saccharomyces carlsbergensis)
발효 시 공기가 필요 없는 독일식 맥주 발효에 사용하는 하면발효효모이며, 멜리비오스(melibiose)와 라피노오스(raffinose)를 이용하여 발효한다.

세균
폭이 1μm 이하의 구형 또는 막대형의 단세포 생물로서, 분열에 의해 증식한다. 효모나 곰팡이와 달리 유전자가 막에 싸여 있지 않은 원시적인 형태로 세포 내에 그대로 존재한다. 형태에 따라 구형인 것을 구균(球菌, coccus), 원통형 또는 막대형의 것을 간균(桿菌, rods 또는 bacillus), 나선형 또는 굽은 형태의 것을 나선균(螺旋菌, spirillum)이라고 한다.

초산균(*Acetobacter*속)

호기적으로 에탄올(ethanol)을 이용하여 초산을 생성하며, 액체 배지 위에 섬유소(cellulose) 성분의 피막을 형성한다. 술 발효 시 관리를 잘못하면 초산균에 의한 오염이 쉽게 되기에 오염에 대한 위생관리를 철저히 해야 한다.

● *A. aceti*(아세토박터 아세티)

식초 양조에 중요한 균이며, 약 8% 이상의 초산 생성이 가능하고, 포도당(glucose), 에탄올(ethanol), 프로판올(propanol), 글리세롤(glycerol) 등에서 초산을 생성한다.

젖산균(*Lactobacillus*속)

젖산(lactic acid)을 형성하는 균으로서 혐기적 환경에서 생육을 잘한다. 발효 초기에 pH를 낮춰 유해균 방지와 효모 증식에 기여한다.

● 락토바실러스 호모히오키이, 락토바실러스 헤테르히오키이
　　(*L. homohiochii*, *L. heterohiochii*)

청주를 백탁, 산패(화락 현상, hiochi)시키는 원인균이다.

BREWING

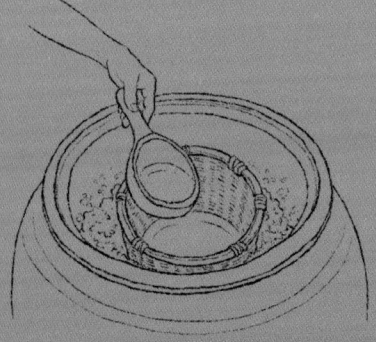

03

술 만 드 는 법

막걸리

막걸리는 막 거른 술을 뜻한다. 이때 '막'은 '방금 걸러 신선한'의 의미와 '마구 걸러 거칠다'는 의미를 지니고 있다. 막걸리는 보통 '탁주'와 같은 뜻으로 사용되고 있고, 맑은 술 청주나 약주와 견주어 탁하고 흐리며, 알코올분도 낮다.

막걸리는 우리 민족이 1988년 올림픽이 열리기 전까지 가장 많이 마셨던 대중적인 술로서 농사지을 때는 농주로도 쓰였다. 또한 막걸리는 다양한 별칭을 가지고 있는데 탁주, 탁배기, 탁바리, 백주, 회주, 현인, 대포, 왕대포, 모주 등으로 불렸다.

양조장에서 빚는 막걸리는 그 제법이 다양하다. 주세법에서 규정하고 있는 탁주는 "녹말이 포함된 재료와 국(麴) 및 물을 원료로 하여 발효시킨 술덧을 여과하지 아니하고 혼탁하게 제성한 것, 이에 따른 주류의 원료에 당분을 첨가하여 발효시킨 술덧을 여과하지 아니하고 혼탁하게 제성한 것, 주류의 원료에 과실·채소류를 첨가하여 발효시킨 술덧을 여과하지 아니하고 혼탁하게 제성한 것, 규정에 따른 주류의 발효·제성 과정에 대통령령으로 정하는 재료를 첨가한 것"이라고 규정되어 있다.

좀 더 자세히 설명하면, 탁주에는 전체 원료 중량 기준으로 곡류와 같은 전분을 함유한 원료(멥쌀, 찹쌀, 보리, 밀가루, 전분, 전분당 등)를 50% 이상 사용해야 하고, 과실이나 채소류를 첨가할 경우 20%를 초과해서는 안 된다. 일반적으로 탁주에는 전통주 보존 및 육성을 위해 향료나 색소는 첨가할 수 없지만, 식품위생법에 허용된 식물 약재류는 첨가 가능하다. 다만 탁주 형태의 술에 향료나 색소를 첨가할 경우 탁주가 아닌 '기타주'로 제조가 가능하며, 이때 '막걸리'란 명칭은 사용할 수 없다.

전통 막걸리 빚는 법 ——

막걸리의 주재료는 쌀과 누룩 그리고 물이다. 전통 방식으로 집에서 빚었던 막걸리는 시루에 고두밥을 찌고 이를 잘 식힌 뒤에 누룩과 버무려 빚었다.

막걸리는 '단양주'로 빚는 경우가 많다. 한 번에 빚어 완성하는 단양주는 양조 방법이 단순하고 술 빚는 시간이 매우 짧아

막걸리는 오래전부터 서민과 함께 한
친근한 우리 전통주이다. 주재료는 쌀과 누룩과 물이다.
탁주 형태의 술에 향료나 색소를 첨가할 경우
탁주가 아닌 '기타주'로 제조가 가능하며,
이때 '막걸리'란 명칭은 사용할 수 없다.

2009년 막걸리 열풍이 불면서 다양한 막걸리들이 생산되었다. 2016년 우리술 품평회 생막걸리 수상작.

'속성주'라고도 불렀다. 문헌에 전하는 속성주로는 오늘 밤에 빚으면 내일 새벽닭이 울 무렵에 익는다는 '계명주', 벼락같이 빠르게 술이 된다는 '벼락술', 1일 만에 완성되는 '일일주', 그리고 '삼일주', '칠일주', '십일주' 등이 있다.

단양주는 빠르게 완성해야 하기 때문에 밑술을 따로 만들지 않고 고두밥을 쪄 누룩과 물을 혼합해 단번에 빚는다. 단양주를 빚을 때는 빻은 누룩을 그대로 사용하지만, 때론 누룩을 물에 풀어서 미생물을 활성화시킨 수국(水麴), 즉 물누룩을 만들어 사용하기도 한다. 물누룩은 거름망을 이용해 밀기울을 걸러내고 사용한다.

단양주가 한 번에 빚어 빠르게 마시는 것이라면, 이양주 이상 '다양주'는 밑술과 덧술 형태로 이루어져 좀 더 긴 시간 발효와 숙성을 거친다. 발효 기간이 짧은 단양주로는 탄산이 많고 청량감 있는 막걸리를 얻을 수 있다면, 이양주 이상의 숙성주는 탄산 특유의 청량감은 없지만 목넘김이 부드럽고 맛이 깊은 술을 얻을 수 있다.

전통 막걸리 빚는 과정

항아리 소독

쌀 씻기

쌀 불리기

물 빼기

고두밥 찌기

고두밥 식히기

누룩가루 준비

원료 배합

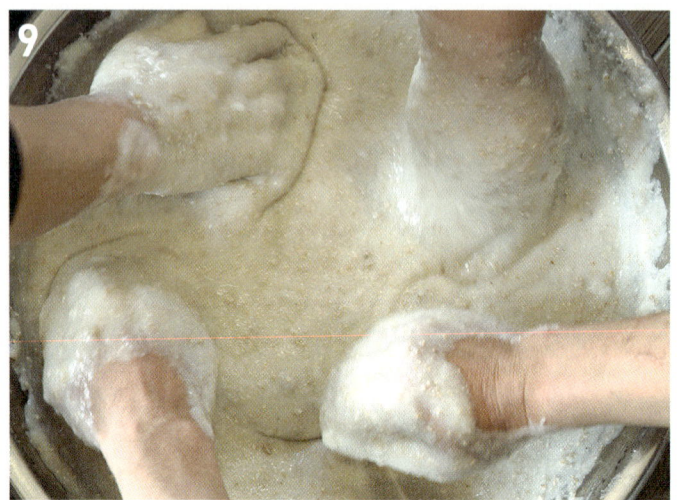

치대기

발효

온도 점검

발효 관리

거르기

술 담기

전통 막걸리 빚는 법

4kg 쌀 씻기(세미)

▼

2~4시간 쌀 불리기(침미)

▼

30분 간 물 빼기(탈수)

▼

1시간 고두밥 찌기(증미)

▼

20~25℃로 고두밥 식히기(냉각)

▼ 400~800g의 누룩 사용

물 4~6ℓ 넣고 치대기(혼합)

▼

7~14일 삭히기(발효)

▼

거름망으로 거르기(제성)

▼

냉장 보관(숙성)

▼

도수 조절하여 마시기

* 쌀 4kg, 누룩 1장(800g) 기준

전통 막걸리의 양조에서는 발효제로 밀로 만든 누룩만 사용하지만, 현대 막걸리 양조에서는 밀누룩 대신 입국(粒麴, 밀가루 누룩, 쌀누룩)만 사용하거나 입국을 주도적으로 사용하면서 개량 누룩과 전통 누룩을 추가하는 것이 가장 큰 차이점이다.

전통 막걸리는 전통 누룩에 포함된 다양한 곰팡이와 효모, 기타 세균들에 의해 풍부한 향과 누룩 특유의 구수한 맛을 낸다. 반면 현대 막걸리는 단일균이 배양된 입국을 사용하여 잡맛이 적고 깔끔한 맛을 낸다. 현대 막걸리는 때로 누룩으로 미세한 향과 맛을 부여하기도 한다.

멥쌀이나 찹쌀을 주로 쓰는 전통 막걸리와는 달리 현대 막걸리에는 다양한 전분질 원료와 당분, 과채류 등이 발효 과정에 혼합되어 다양성을 추구하는 게 또 하나의 차이점이다.

양조장에서 대량 유통을 목적으로 만들어짐에 따라 원료 대비 급수 비율이 높고, 감미료를 사용하는 것 또한 차이점이라고 할 수 있다.

현대 막걸리의 제조법은 전분질 원료와 발효제의 종류에 따라 양조장마다 얼마간 차이는 있지만 대체로 '원료 처리 → 밑술 제조 → 담금 및 발효 → 제성 → 포장'의 순서로 이뤄진다.

현대 막걸리 빚는 과정

1 원료 처리 : 쌀을 씻고 불려 물을 뺀 뒤에 고두밥을 찐다. 누룩이나 입국 등의 발효제를 준비한다.

2 밑술(주모) 제조 : 발효를 위한 순수 효모를 배양하려는 목적으로 밑술을 만든다. 물과 발효제를 섞어 밑술을 제조하고, 잡균 번식 억제를 통한 우량 효모의 증식을 위해 산성 환경을 조성한다.

3 담금 및 발효 : 밑술에 고두밥과 발효제와 물을 2~3회 나눠 담아 안전하게 대량 발효를 꾀한다. 발효 환경이 나쁘면 잡균 번식으로 인한 오염으로 부패나 변패가 진행된다. 냉장 설비의 구축으로 장기 발효와 숙성이 가능해져 다양한 향과 깊이 있는 맛을 낸다.

4 제성 : 제성은 발효가 끝난 원주의 균질화와 알코올 도수 조정을 위한 물 첨가 과정, 부족한 맛의 보충을 위해 첨가물을 넣어 재가공하는 공정이다.

5 포장 : 제성된 막걸리를 병에 넣어 포장하는 공정으로 열처리에 따라 생막걸리와 살균막걸리로 구분한다. 살균막걸리는 65℃ 내외의 열로 미생물을 사멸시키고 효소를 파괴하여 유통 기한을 6개월에서 1년 정도로 연장한 제품이다. 이렇게 만들어진 살균막걸리는 탄산이 달아나 청량감이 부족한데, 인위적으로 탄산가스를 넣으면 청량감을 느낄 수는 있으나 생막걸리의 천연적인 느낌과는 차이가 있다.

현대 막걸리(양조장) 빚는 과정

원료 – 벼(쌀)

원료 – 누룩

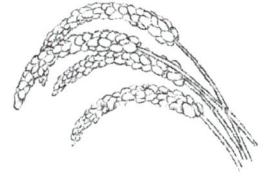

원료 – 입국

고두밥 찌기

고두밥 식히기

밑술 발효

술밥 담기

덧술 하기

발효실

발효 진행

발효 관리

막걸리 여과

막걸리 제성

제성실

병입

2016년 우리술 품평회
살균 막걸리 수상작

현대 양조법에는 쌀을 찌지 않는 방법과 수율 증대를 위해 효소제를 첨가하는 방법도 있다. 생쌀 발효법은 생쌀을 가루 형태로 해서 조효소제(개량 누룩)와 물, 효모를 이용해 발효한다. 이 방법은 필수 아미노산이 풍부하여 다양한 맛을 낼 수 있다. 이때 추가적으로 팽화미를 사용하는 경우도 있으며, 팽화미는 주로 본담금에 사용한다. 또한 효소의 당화력을 높인 조효소제와 정제효소제는 안전한 발효를 유도하고 수율 향상을 위해 사용되고 있다.

약주는 그 뜻 그대로라면 약효가 있거나 약재
가 들어간 술이다. 약주는 술을 높여 부르거나 청주의 대명사로
도 사용되어왔다. 주세법이 만들어지면서 청주로 불리던 맑은
술은 '약주'로 불리게 되었고, 청주는 일본의 '사케' 형태의 술
을 지칭하는 것으로 불리게 되었다.

주세법에 따르면 약주와 청주를 누룩의 사용 여부에 따라 구
분하고 있는데, 누룩을 1% 이상 쓰면 약주이고, 1% 미만 쓰면
청주로 분류하고 있다.

대표적인 전통 약주로는 솔잎이 들어간 '솔잎주', 연잎이 들
어간 '연엽주'가 있고, 꽃이 들어간 '매화주', '복사꽃술(복숭아꽃
술)', '두견주(진달래꽃술)'가 있으며, 식물의 뿌리와 줄기, 열매

등을 넣은 '오가피주', '구기자주' 등이 있다. 허준의『동의보감』에는 '무술주(戊戌酒)', '녹두주(鹿頭酒)' 등 동물을 이용한 술도 소개돼 있다.

전통 약주 빚는 법 ──

술 빚는 과정에서 약재를 넣는 시기는 꽤 중요하다. 향이나 색이 좋은 약재를 처음부터 넣게 되면 발효되면서 발생되는 이산화탄소로 인해 향기가 달아나 원하는 향이나 색을 얻기 어렵다. 따라서 향이나 색이 좋은 약재를 넣을 때에는 발효가 끝날 무렵에 넣는 것이 좋다. 때로 여과 후에 저온에서 숙성시킬 때 약재를 넣어 색과 향을 담아내기도 한다.

약용 성분을 강화시키는 게 목적이라면 되도록 일찍 넣는데, 약재를 달인 물을 이용하거나 약재를 쌀과 함께 쪄서 넣는다. 이때 사용되는 약재는 재료에 따라 달여서 사용하거나 쪄서 넣을 수도 있고, 바로 넣기도 한다. 식물의 뿌리나 줄기, 솔방울 등 약성이 잘 우러나지 않는 것은 약재를 충분히 달인 액을 이용한다. 즉, 밑술 과정에서 물 대신 약재 달인 물을 사용하여 빚는다.

약재를 쌀과 함께 쪄서 넣기도 한다. 특히 인삼, 더덕, 솔잎, 당귀 등 향이 강한 것들은 쌀 찌는 과정에서 향을 한 번 제거하

전통 방식으로 술을 여과할 때 사용하는 대나무로 만든 용수

전통 약주의 특징 중 하나는 물을 적게 넣어 되직하게
발효시킨다는 점이다. 물이 적으면 단맛이 강한 술이 만들어진다.

물을 적게 넣고 아직 덜 삭아 되직한 상태의 술덧

면 은은한 향을 얻을 수 있다. 꽃이나 허브, 색이 좋은 식물들을 술에 넣을 때에는 달이거나 찌기보다는 직접 넣는 것이 좋다. 특히 색이 좋은 술을 얻고자 할 때에는 식물을 건조해 완전히 빻은 것을 넣는 것이 좋다.

전통 약주는 용수(대나무나 싸리나무로 만든 원통형의 여과 도구)를 이용해서 맑은 술을 얻었다. 용수를 술덧 속에 박아 넣으면 부피가 큰 밥알 등은 용수 밖에 있고 액체만 용수 안으로 괸다. 괸 술은 처음에는 탁하지만 시간이 지나면 미세한 물질이 밑으로 침전되고 위로 맑은 술이 뜨게 된다.

현대 약주 빚는 법 ——

현대 약주의 범위는 전분질 원료와 누룩만으로 빚거나 다양한 식물 약재를 넣어 약리적 기능을 부여한 것까지 종류가 다양하다. 약주도 막걸리와 같이 당화와 발효가 동시에 진행되는 병행복발효를 하는데, 가장 큰 차이는 여과의 정도에 따른 술의 맑기다. 최근 들어서는 지역의 특산 과실을 넣은 가향 약주류가 많이 빚어지고 있다.

현대 약주 제조법은 발효 중에 다양한 부원료가 첨가되고, 맑게 압착·여과하고, 미생물을 사멸하여 효소 활성을 억제하는 살균 공정이 추가되는 게 특징이다.

전통 약주는 전분질 원료와 누룩을 버무려 밑술을 제조한 후, 필요에 따라 발효 중간 단계에서 식물 약재 등의 부원료를 넣어 발효시킨다. 현대 약주의 양조 방식도 이와 유사하나 가장 이상적인 양조법은 저온(10~15℃)에서 장기 발효를 하여 원료의 향과 맛, 효능을 최대한 술에 담아내는 것이다.

저온 발효는 약주의 품질을 결정하는 다양한 휘발성 향과 맛의 생성에 중요한 역할을 한다. 일반적인 약주의 경우 발효 기간이 10~15일 내외이며, 여과한 술을 살균 후 저온에서 숙성하는 경우도 있다. 일부 약주는 한 달 정도의 발효 기간과 100일 이상의 숙성 기간을 거친다. 발효가 끝나면 재빨리 지게미를 제거해야 잡미로 인한 품질 저하를 막을 수 있나.

2016년 우리술 품평회 약주 수상작

현대 약주의 여과법은 용수를 이용한 전통 방식과는 달리 다양한 압착기로 짜낸다. 여과포를 이용한 필터 프레스 형태의 압착법은 가장 일반적인 방법이다. 필터 프레스로 압착한 뒤에 남은 미세한 부유물을 제거하기 위해 규조토나 미세 필터 여과를 한다. 단백질이나 착색 물질 등을 제거하기 위해 청징제를 첨가하여 다시 여과하기도 한다.

일반적으로 생주를 60~65℃에서 30분 정도 유지하면 살균이 된다. 이를 통해 잔당의 재발효를 억제시키고 품질 변화를 줄여 저장 기간을 늘릴 수 있다. 최근에는 고온단시간살균기(High Temperature Short Time : HTST)를 이용한 병입 전 살균 방법이나 저온살균기(Pasteurizer)를 이용한 병입 후 살균 방법이 주로 사용된다.

술의 앙금을 압착 여과하는 필터 프레스 여과기

양조장 술 빚는 법

```
쌀 씻기
  ↓
고두밥 찌기
  ↓
냉각
  ↓
발효제
  ↓
밑술
  ↓
덧술
  ↓
발효
```

```
숙성                    증류
  ↓                      ↓
여과                    숙성
  ↓                      ↓
제성    제성    살균    여과
```

막걸리	살균막걸리	약주/청주	살균 약주/살균 청주	소주

현대 청주 빚는 법 ——

청주도 일반적으로 막걸리나 약주와 유사한 방식으로 발효시키며 맑게 여과하여 얻는다. 청주와 약주의 가장 큰 차이는 청주는 쌀로 만든 입국을 발효제로 사용하고, 약주는 전통 누룩을 발효제로 사용한다는 점이다.

현행 주세법이 규정하고 있는 청주는 일본 청주와 거의 동일하다. 이는 일제 강점기를 거치면서 일본식 청주 제조장이 한반도에 지어지면서 생겨난 규정이다. 이로 인해 현재까지도 주세법에서는 청주라는 말이 일본주와 다름없이 쓰이고 있다.

주세법상의 청주 제조 공정은 도정에 의한 원료의 차별화, 특

입국. 고두밥에 종국을 뿌려서 만든 흩임누룩.

정 균을 배양한 입국의 사용, 양조용 알코올을 첨가한 증량 청주 제조, 여과 기술의 다양화 등이 적용되고 있다.

현재 일본식 청주 제조 방법은 일정하게 깎은 쌀을 쪄서 황국균을 번식시켜 입국을 만들고, 고두밥과 물을 섞은 후 순수 효모를 첨가하여 밑술을 만든다. 그 다음으로 밑술에 입국과 고두밥을 순차적으로 추가하여 입국에 의한 당화와 효모에 의한 알코올 발효를 동시에 진행시켜 생산한다.

이러한 단계적 발효의 특징은 발효조의 산성 환경을 유지해 잡균의 번식을 억제시키고, 효모의 균일한 증식을 목적으로 활용된다. 또한 냉방 기술의 발달로 저온 발효를 통해 더 깔끔하고 향기로운 맛을 내는 데까지 진전되어 있다.

주세법상 청주와 약주의 구분

구분	청주	약주
원 료	멥쌀 또는 찹쌀	전분질 원료, 당분, 과채류 (전분질 재료 50% 이상 사용) (과채류 20% 이하 사용)
누룩 사용	누룩 1% 미만 사용 (쌀 입국 위주 사용)	누룩 1% 이상 사용
식물 첨가	발효 가능 식물 사용 불가	사용 가능
알코올 첨가	원료미 kg당 2.4 ℓ 이하 사용 (30% 알코올 기준)	20% 이하 사용 (주정 또는 증류식 소주)

현대 청주 제조에 사용되는
쌀을 깎는 도정기

맑은 청주를 얻기 위해 사용하는 대형 여과기

전통 청주 빚는 법

주세법상 청주는 쌀과 물 그리고 쌀누룩을 이용해야 하지만, 전통 청주는 밀누룩을 이용하여 빚었다. 문헌 속에 등장하는 청주의 특징을 보면 오랜 숙성을 거쳐 맑게 여과한다는 것이다.

대표적인 전통 청주로는 '백일주', '삼해주', '삼오주', '경주교동법주', '진양주' 등을 꼽을 수 있다. 백일주는 발효와 숙성 기간이 100일가량 된다 하여 붙여진 이름이다. 발효 기간이 길어 맛이 깊고 맑은 술을 얻기에 좋다.

삼해주도 그중 하나다. 삼해주는 음력 정월 첫 해일(亥日)에 밑술을 빚고, 12일 간격으로 돌아오는 해일에 덧술을, 그 다음 해일에 재덧술을 해서 빚는다. 이와는 다르게 서울시 무형문화재로 지정된 권희자의 삼해주는 음력 정월 첫 해일에 밑술, 2월 첫 해일에 중밑술, 3월 첫 해일에 덧술을 해서 빚는다.

삼오주는 정월 첫 오일(午日)부터 두 번째 오일, 세 번째 오일에 걸쳐 빚는 술이다. 다른 약재가 들어가지 않고, 쌀과 누룩과 물만으로 빚어 맑은 술이 얻어지므로 전통 청주라고 이름할 수 있다. 이러한 술들은 대부분 겨울에 빚어 3~4개월의 발효와 숙성 기간을 거쳐 맑게 만들어진다.

삼해주 빚는 과정

벅벅을 만들어 밑술 치대기

익힌 구멍떡을 풀어 덧술 빚기

익은 밑술을 부어 덧술 치대기

완성된 삼해주

소주

　　　　소주는 곡물을 발효시켜 증류한 술을 말한다. 소주를 얻으려면 우선 알코올이 들어 있는 액체가 필요하다. 소주 같은 발효주는 끓이면 알코올 성분이 물보다 먼저 증발하여 맑고 투명한 증류주를 얻게 된다. 소주는 불을 사용한다 하여 '화주(火酒)', 투명해서 '백주(白酒)', 이슬처럼 받아낸다 하여 '노주(露酒)', 땀처럼 한 방울씩 받아낸다 하여 '한주(汗酒)' 등으로 불리기도 했다.

　여기서 소주는 전통적으로 증류주를 총칭하는 표현으로, 주세법상의 소주, 일반 증류주, 리큐르, 증류해서 얻은 기타주류들을 포함하는 용어이다. 현행 주세법상에는 증류식 소주와 희석식 소주를 통합하여 소주로 표시하고 있다.

2016년 우리술 품평회 일반 증류주 수상작

소주는 곡물을 발효시켜 증류한 술을 말한다.
소주를 얻으려면 우선 알코올이 들어 있는 액체가 필요하다.
소주 같은 발효주는 끓이면 알코올 성분이
물보다 먼저 증발하여 맑고 투명한 증류주를 얻게 된다.

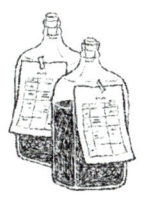

전통 소주는 막걸리, 약주, 청주 등을 증류해서 만든 증류식 소주로 주로 옹기로 된 소줏고리를 사용했다. 전통 소주는 1920년대 발효제가 밀누룩에서 흑국으로 바뀌었고, 증류기도 옹기 소줏고리에서 쇠나 동, 스테인리스 증류기로 바뀌었다. 누룩균인 흑국은 쌀에 검정곰팡이(*Aspergillus niger*)를 배양시켜 놓은 흩임누룩으로 구연산 생성 능력이 좋아 잡균의 번식을 억제함으로써 안정된 발효에 기여한다. 이때 생성된 구연산은 증류되지 못하기 때문에 소주에는 신맛이 남지 않는다.

1960년대에 양곡 정책으로 인해 쌀로 술을 못 빚게 되면서 증류식 소주가 몰락하고 희석식 소주가 급격하게 확산되었다. 지역 문화재로 지정된 '이강주', '안동소주', '진도홍주' 등의 증류식 소주는 쌀로 술을 빚게 된 1990년 이후에 다시 생산되기 시작했다.

증류주는 알코올의 끓는점이 78.4℃로 물 100℃보다 낮기 때문에 술덧에 열을 가하면 알코올이 먼저 끓어 나오는 원리를 이용하여 만든다. 그러나 이때 알코올만 올라오는 것은 아니고 물도 같이 증류된다. 술덧을 가열하면 알코올이 끓어 유출되면서 남아 있는 술덧의 알코올 함량은 낮아지기 때문에 증기 중의 알코올 함량도 낮아지게 된다. 따라서 증류가 시작되는 초류의 알코올 함량은 높지만 점차 낮아져 0%에 다다르게 된다. 증

오른쪽 스테인리스 증류통에 술을 넣고 끓이면 왼쪽 냉각통을 거쳐 증류주를 받을 수 있다.

전통 소주는 1920년대 발효제가
밀누룩에서 흑국으로 바뀌었고, 증류기도
옹기 소줏고리에서 쇠나 동, 스테인리스 증류기로 바뀌었다.

류 후반부로 갈수록 술덧의 온도가 상승하면서 쌀 분해물 등의 고형분들이 타기 시작하고, 탄내(가열취)를 가지고 있는 푸르푸랄(Furfural) 성분의 유출도 증가하게 된다.

소주 제조장에서는 탄내를 줄이기 위해서 증류 종말점을 알코올 10%로 하고 있다. 이때 받아진 증류주(원주)의 양은 술덧의 알코올 함량에 따라 다르나, 알코올 함량이 17~18%인 술덧인 경우 술덧 양의 40% 정도 받아지게 되며, 원주의 알코올 함량은 42~43%가 된다. 즉, 1ℓ의 술덧을 증류하면 알코올 함량 42~43%의 원주 400㎖가 만들어지는 것이다. 막 증류를 끝낸 증류액은 황화수소 함량이 높아 자극취가 강하기 때문에 6개월에서 1년 정도 숙성한 후 제품에 따라 물을 섞어 도수를 맞추고 여과하여 제품화한다.

증류식 소주의 원리

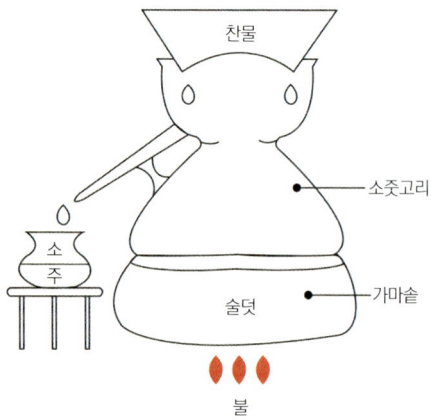

가마솥에 술을 붓고 소줏고리를 얹어 증류한다.

알코올 함량 17~18%인 술덧 1ℓ를 증류하면
알코올 함량 42~43%의 원주 400㎖가 만들어지게 된다.
막 증류를 끝낸 증류액은 황화수소 함량이 높아
자극취가 강하기 때문에 6개월에서 1년 정도 숙성한 후
제품에 따라 물을 섞어 도수를 맞추고 여과하여 제품화한다.

한편 소주를 얻을 때 증류 종말점을 알코올 10%로 하더라도 탄내의 유입을 막기 어렵고, 식생활의 변화로 입맛이 달라진 소비자들에게 좋은 평가도 받지 못하면서 1970년대 감압 증류 기술이 도입되었다. 감압 증류는 압력을 낮추면 끓는점이 내려가는 원리를 이용한 것이다. 쌀 소주의 경우 상압(760mmHg)에서는 80~95℃에서 증류가 이루어지나 중감압(380mmHg)에서는 65~75℃, 고감압(110mmHg)에서는 40~50℃에서 증류가 가능했다.

감압 증류한 술은 탄내 나는 푸르푸랄 성분과 숙취를 일으키는 아세트알데히드 성분이 적고, 유취(油臭)의 원인인 지방산 에스테르 성분이 현저히 낮아 숙성 기간이 짧아도 소비자들의 선호도가 높다. 현재는 국내 대부분의 증류주 제조장에서 이 감압 증류 방법을 사용하고 있다.

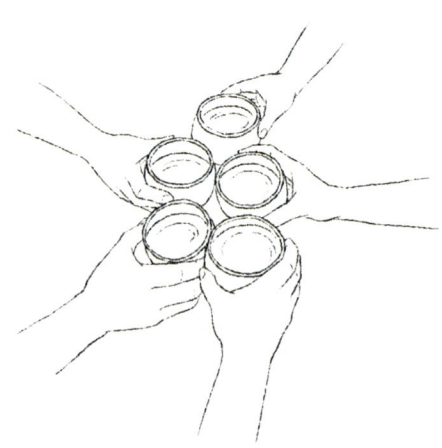

전통 방식 막걸리 제조법

고두밥을 잘 식힌 뒤 누룩과 버무려 항아리에서 발효 후 걸러 만듦.

현대 막걸리 제조법

원료 처리 → 밑술 제조 → 담금 및 발효 → 제성 → 포장(병입)

밀누룩 대신 입국만 사용하거나, 입국에 개량 누룩과 전통 누룩을 추가하여 사용.

약주 제조법

막걸리와 유사한 방식으로 술을 빚은 후 맑게 여과하여 만듦.

필요시 발효 중간 단계에서 약재 등의 부재료를 넣어 발효시킴.

청주 제조법

쌀로 만든 입국을 발효제로 사용해 술을 담가 여과하여 만듦.

소주 제조법

곡물을 발효시켜 알코올이 들어 있는 상태의 술덧을 증류하여 만듦.

※발효주에 열을 가하면 알코올 성분이 먼저 증발하여 맑고 투명한 증류주를 얻게 된다.

희석식 소주

우리는 '소주' 하면 주로 녹색 병에 담긴 술을 떠올린다. 이는 희석식 소주로 주정(95% 순수 알코올)에 알코올 함량을 낮추기 위한 물과 단맛을 주기 위한 감미료, 신맛을 내기 위한 산미료 등을 넣어 만든 것이다. 희석식 소주는 19세기 산업 혁명기에 만들어진 연속식 증류기를 사용해서 제조된 것으로 전통적인 방법과는 차이가 있다.

희석식 소주를 만들려면 주정(에탄올)이 필요한데, 주정은 원료와 발효에서 생성되는 다양한 향기 성분이 사라진 무미, 무취의 물질이다. 주정 제조 공정을 보면 기호성보다는 생산 단가를 낮추는 데에 기술적 관심이 집중되어 있다. 따라서 주정의 원료로는 값싼 재료가 사용된다. 1950년대에는 설탕의 부산물인 당밀이 사용되었고, 1960년대에는 고구마가 사용되었으나, 현재는 타피오카(Tapioca, 녹말류)에 일부 쌀, 보리, 고구마 등을 섞어 사용한다.

주정을 만드는 방법은 원료를 분쇄하여 찌고, 개량 누룩 등의 조효소제와 당화효소를 첨가하여 전분을 당화시킨다. 여기에 주정 생산용 효모를 활

희석식 소주 제조장의 빈 병 씻는 시설

성화시킨 밑술(주모)을 넣어 발효시킨다. 발효는 30℃에서 3~5일 동안 진행되며, 발효가 완료된 술덧의 알코올 함량은 약 10%, 잔당은 1.5% 이하가 된다. 이후 이 술덧에서 알코올을 회수하기 위해 연속식 증류기로 이송된다.

연속식 증류기는 크게 네 개의 탑으로 구성되어 있다. 알코올 10%의 술덧을 연속식 증류기에 넣게 되면, 이 네 개의 탑을 순차적으로 거치면서 모든 불순물은 제거되고 95~96%의 순수한 알코올이 얻어지는데, 이때 탈수탑을 통과하면서 물이 제거되어 알코올의 순도는 더욱 높아진다.

이후 제품의 품질 관리를 위해 물을 첨가하여 알코올 농도를 95% 되게 조절해놓은 것이 바로 '주정'이다. 결과적으로 이 주정은 원료가 가지고 있는 향 및 발효 과정 중 생성되는 다양한 향과 맛은 사라지고, 자극적인 알코올 향과 맛만을 가지게 된다.

주정 공장의 주정 저장 탱크

희석식 소주를 만들려면 주정(에탄올)이 필요한데,
주정은 원료와 발효에서 생성되는 다양한 향기 성분이 사라진
무미, 무취의 물질이다. 주정 제조 공정을 보면 기호성보다는
생산 단가를 낮추는 데에 기술적 관심이 집중되어 있다.

지역을 기반으로 생산하는 다양한 희석식 소주들

주정 제조 공정

원료 → 분쇄(입도 : 2.0~3.0mm) → 혼합 → 증자(팽윤, 호화, 액화) → 당화(조효소제, 당화효소 첨가) → 주모 첨가 → 발효(30℃, 3~5일) → 알코올 회수(술덧탑, 알코올 60%, 알코올과 폐액 분리) → 저비점 성분 분리(추출탑, 아세트알데히드 제거) → 휴젤류 분리 및 알코올 농축(정제탑, 알코올 95~96%) → 메탄올 분리(제품탑) → 탈수(탈수탑) → 주정

희석식 소주의 제조 과정을 살펴보면, 주정을 물로 희석하여 알코올 농도를 40~50%로 조절하고, 여기에 자극취를 제거하기 위해 활성 탄소(야자, 팜 등을 태워 만든 숯)를 넣는다. 탈취는 1~2시간 정도면 90% 이상 진행되나 다음 공정의 편의를 위해 1일 정도 방치하기도 한다.

그 다음엔 첨가한 활성 탄소를 제거하기 위해 여과하고, 맛을 내기 위한 여러 가지 인공 첨가물을 넣는다. 인공 첨가물은 감미료(사카린, 스테비오사이드, 아스파탐, 과당, 설탕, 올리고당 등), 산미료(구연산, 주석산), 조미료(아미노산류, 무기염류)가 사용된다. 이후 알코올 농도를 조절하고 재차 여과하여 제품화한다.

TASTING

04

술
테
이
스
팅

감각
기관

술을 마실 때 우리는 자연스럽게 색과 향과 맛을 인식하게 된다. 우리가 의식하지 못하더라도 뇌는 혀의 미각 수용체와 코의 후각 수용체를 통해 신호를 받아들여 술이 어떤 향과 맛을 가지고 있는지 분석해낸다. 이때 입 안 전체에서 느껴지는 질감과 온도도 술을 평가하는 필수 요소이다.

술 한 잔에는 수백 가지의 향과 맛이 어우러져 있는데, 일반적으로 사람들이 감지해낼 수 있는 것은 그중에 몇 가지밖에 안 된다. 우리의 향과 맛에 대한 인식력은 전후 사정과 환경에 따라 달라질 수도 있어, 향과 맛은 가변적이라고 할 수 있다. 혀에서 재생되는 수천 개의 미뢰들은 연습을 통해 예리하게 단련시킬 수도 있고, 다양한 경험을 통해 미각을 훈련시킬 수도 있다.

　주예사로서 술 테이스팅은 술맛을 정확히 감별하여 상세한 안내와 적절한 선택을 도와주기 위해서 진행한다. 그런데 술을 감별한 뒤 그 고유한 특질을 개인적인 편견들과 완벽히 분리하여 판단하는 일은 결코 쉽지 않다.

　우리의 뇌 활동은 테이스팅을 시도하는 술의 고유한 특징과 상관없이 유쾌하거나 불쾌했던 지극히 개인적인 경험들과 연관되어 있기 때문이다. 따라서 술 테이스팅에 대한 객관적인 결론을 얻기 위해서는 각 개인의 감각 기관에 의한 느낌을 서로 비슷한 용어로 일치시킬 필요가 있다.

시각 ──

　술의 외관은 술을 판단하게 되는 1차적 인식 요소이다. 우리는 술을 처음 접할 때 가장 먼저 눈으로 인식한다. 이 시각적 인식은 술의 향과 맛에 대한 높은 신뢰도의 지표는 아니지만, 눈을 통해 본 술의 외관이 우리에게 첫인상을 주는 것은 사실이다.

　색의 감각은 주로 파장에 관계되며, 사람이 주로 느낄 수 있는 빛은 파장이 760~380nm 정도이다. 사람의 눈은 약 160가지의 색상을 구별할 수 있으며, 색상을 식별하는 데 필요한 빛의 강도는 색에 따라 다르다. 충분히 밝은 때는 노란색이 밝게 나타나고, 자주색은 어둡게 나타난다. 또한 어두운 곳에서는 빛의 양이 충분하지 않아 색을 구분할 수 없기 때문에, 술을 테이스팅하려면 일정한 빛의 양이 필요하다.

술 테이스팅을 처음 시작하는 사람들은 술의 색을 통해 많은 정보를 얻으려 시간을 많이 소모하기도 한다. 우리가 눈으로 얻은 정보가 그 다음으로 이어지는 향이나 맛의 테이스팅을 좌우할 수도 있다.

시각적인 평가의 핵심은 평가하는 사람의 첫인상을 뛰어넘어 선입견 없이 눈으로 들어오는 정보만으로 술을 객관적으로 평가하는 것이다. 때문에 수많은 경험과 노력을 통해 우리의 테이스팅 능력을 향상시키는 것이 무엇보다 중요하다.

후각

술을 마실 때 술이 입 안으로 들어오기 전에 냄새가 코로 먼저 들어온다. 술잔에 코를 가까이 가져가면 응집된 냄새가 코를 자극한다. 숨을 코로 들이쉬었다가 내쉬면 냄새 분자가 코 점막에 남아 입 안의 미각 수용체를 깨운다.

후각은 두 가지의 방식으로 인식될 수 있다. 코로 숨을 들이마시면서 향을 감지하는 직접적인 후각(direct olfactory)과 입

감각 기관을 통한 향과 맛의 인식 경로

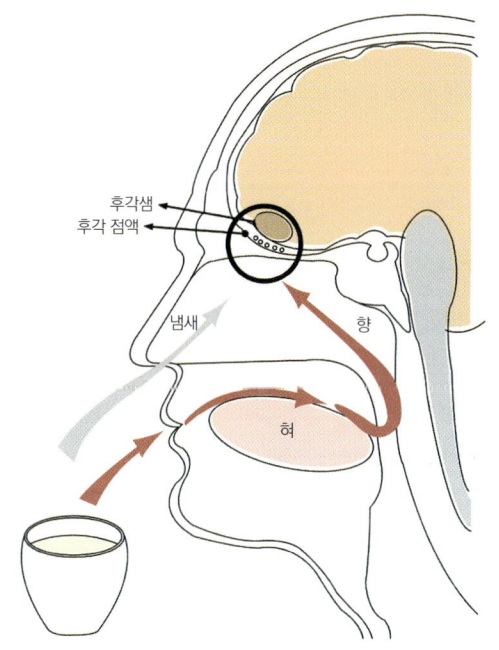

후각샘
후각 점액
냄새
향
혀

술 테이스팅을 처음 시작하는 사람들은
술의 색을 통해 많은 정보를 얻으려 시간을 많이 소모하기도 한다.
우리가 눈으로 얻은 정보가 그 다음으로 이어지는 향이나
맛의 테이스팅을 좌우할 수도 있다.

안에서 코로 숨을 내쉬면서 감지하는 역류성 비강 후각(retro-nasal olfactory)이 있다. 두 경우 모두 향 성분이 후각 정보가 처리되는 후각샘에 도달해야 한다.

직접적인 후각의 경우에는 휘발성 분자들이 들숨으로 콧속을 통과하면서 후각샘의 수용체에 곧바로 감지되어 향에 대한 정보나 인상을 처음으로 느낄 수 있다. 반면 역류성 비강 후각은 입 안에 있는 식도와 후두 사이에 있는 기관인 인두를 거쳐 콧속을 통과하여 후각샘에 도달하면서 향의 정보와 인상을 느끼는 것이다. 이 역류성 비강 후각으로 평가자들은 술의 향기가 가진 특성을 더 강렬하게 인식할 수 있다.

미각 ────

향은 코에서 가장 먼저 인식되지만, 맛은 후각과 미각이 복합적으로 작용하여 인식된다. 복합적인 감각인 맛은 주로 미각 수용체가 분포한 혀에서 인식된다. 이러한 미각 수용체들은 미뢰 아래에 위치해 있다. 혀는 1만 개의 미뢰로 덮여 있고, 미뢰 하나에는 미각 수용체가 50~100개 정도씩 들어 있다. 그 각각은 단위를 이루면서 향과 맛에 반응한다.

우리는 다섯 종류의 맛을 감지할 수 있다. 바로 단맛, 신맛, 짠

맛, 쓴맛, 감칠맛이다. 각각의 맛들은 다르게 인식되며, 하나의 맛은 다른 맛에 영향을 줄 수도 있다. 이를 보통 맛의 연속성이라고 한다.

혀의 미뢰들은 특정한 맛을 감지하도록 분화되어 있지는 않다. 각 미뢰들은 모든 맛을 감지할 수 있다. 그럼에도 혀의 특정 부위는 맛의 농도에 따라 다르게 반응하여 특정한 맛을 더 잘 감지한다고 알려져 있다. 일반적으로 혀끝은 단맛을 느끼고, 혀의 양 옆은 신맛을, 혀의 뒷부분은 쓴맛에 민감하고, 짠맛은 혀 전체에서 느껴진다는 것이다. 그러나 최근 미국 메릴랜드 의대 데이비드 스미스 교수와 마운트시나이 의대 로버트 마골스키 교수는 맛은 혀의 위치와 상관없이 모든 지점에서 감지될 수 있다는 연구 결과를 발표하기도 했다.

한편 감각으로 정의되는 맛은 미뢰뿐만 아니라 입 안의 다른 감각 수용체들과도 연관이 있다. 그러한 감각 수용체들로 인해 우리는 질감, 온도 등을 감지하며, 이러한 질감이나 온도가 맛에도 크게 영향을 준다.

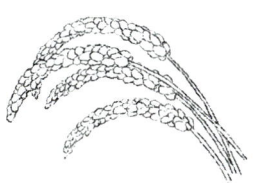

술의 평가 방법

술의 시음과 평가 ───

술을 마시고 즐기는 데에는 특별한 법칙이 없다. 하지만 전문적인 술 테이스팅은 개인의 판단보다는 객관적이고 공정하게 이루어져야 한다. 이는 고도의 집중력을 발휘해야 하기 때문에 많은 경험과 훈련이 필요하다.

술 테이스팅의 과정은 색을 눈으로 보고, 향을 코로 맡으며, 맛을 입으로 보는 순서로 평가한다. 시음 시간은 미각이 깨어 있는 오전에 하는 것이 좋으며, 시음 환경은 직사광선이 아닌 반사광과 조명이 섞여 있고, 강한 냄새나 나쁜 냄새가 나지 않는 장소여야 한다.

산사원 갤러리의 시음장. 다양한 술을 자유롭게 시음할 수 있다.

술의 시음과 평가. 술 테이스팅의 과정은 색을 눈으로 보고,
향을 코로 맡으며, 맛을 입으로 보는 순서로 평가한다.

동일한 온도, 동일한 컵, 동일한 양으로 시음 평가를 한다.

시음 방법

1 색, 외관을 관찰한다.

2 술잔을 코에 대고 올라온 향을 맡는다.

3 적은 양의 술을 입에 넣고 천천히 혀 위에 펼쳐 '후루룩' 하면서 공기
를 입 안으로 넣어 술과 혼합한다.

4 천천히 혀를 돌리면서 술을 입 안 구석구석에 넣어가며 맛을 확인한다.

5 입 안의 공기를 코로 내쉬며 향을 확인한다.

6 조용히 술을 목으로 넘기거나, 술을 뱉어내고 뒷맛을 확인한다.

7 색, 향, 맛에 대한 종합 평가를 일정한 기준으로 채점한다.

8 어떤 한 술의 시음이 끝나고 다음 술을 시음할 때 잠깐의 휴식을 두
고 평가하며, 입 안의 감각이 둔화되었을 때는 물로 입을 헹군 후 평
가한다.

시각(외관, 색) 평가 방법

시음할 술을 잔의 1/4을 넘지 않도록 따른 다음 종이나 냅킨 등 흰색 바탕을 대고 잔을 기울여 색을 통해 술의 상태를 확인한다. 이때 색의 변질, 이물질, 뿌옇거나 거품이 있는지 등을 먼저 확인한다. 그리고 술의 색상과 색의 진하기를 확인한다.

술은 숙성, 원료, 여과, 열화, 저장 용기에 따라 다른 색을 띤다. 색상의 강도는 투명 잔 뒤쪽에 손가락을 대어보아 판단할 수 있는데, 이때 술 양이 많을수록 더 짙게 보이므로 같은 잔에 동등한 양을 맞추어 비교한다.

술의 점성도는 잔을 흔들어 유리잔에 흘러내리는 상태를 시각적으로 확인해야 할 요소이다. 술의 점성은 알코올, 당분 함량 등에 따라 영향을 받는다.

후각(향) 평가 방법

좋은 술은 향에서 잡내가 없어야 한다. 향기 입자는 휘발성으로, 가벼운 것은 흔들지 않을 때 표면에서 자연스럽게 드러난

다. 먼저 술잔을 흔들기 전에 부
드럽게 향을 맡아본다. 술잔을
돌리면 술이 잔의 내벽에 얇은
막을 형성하고, 향 분자들이 훨
씬 더 수월하게 증발한다.

잔을 흔드는 이유는 무게가
있는 향 분자들을 발산시키기
위해서, 그리고 공기와의 접촉
면적을 늘려 맛과 향을 강하게
하려는 의도 때문이다. 잔을 흔들 때는 작은 원을 그리는 모습
으로 내벽 위까지 술이 충분이 올라오도록 흔들어준다. 이때 술
이 넘치지 않도록 주의한다.

그 다음 향을 깊게 들이마실 수 있도록 잔을 코에 대고 맡는
다. 흔들기 시작한 후 3~8초 사이에 향들이 가장 선명하고 강
하니 이때 정신을 집중하여 향을 확인하고 구분한다. 그리고 술
의 향에서 무엇이 연상되는지에 집중한다. 어떤 향은 쉽게 구분
되지만, 어떤 향은 파악하기 어렵다.

술의 향을 이해하기 위해서는 일상생활에서 경험하는 다양
한 향과 맛을 기억해두고 술을 시음할 때 떠올리는 것을 반복
한다. 이때 오래 향을 맡으면 후각의 민감도가 점점 떨어져 향
을 맡기 어려워진다. 더 이상 향을 맡기 어렵다면 잠시 휴식을
취한 후에 다시 하는 것이 좋다.

미각(맛) 평가 방법

시음은 5~10㎖ 정도가 평가하기에 적당하다. 시음 양이 많으면 입 안에서 느낌을 찾기 어렵고, 때론 입 밖으로 나올 수도 있으며, 뱉을 때도 불편하다.

술을 마실 때 향기 입자들을 발산시키기 위해 입 안에 공기를 약간 머금어서 살짝 '후루룩' 하듯이 들이마신다. 이후 입 안에서 술을 부드럽게 굴리고 공기를 들이마시는 방식을 반복한다. 이때 입 안 구석구석 모든 부분으로 술이 퍼지도록 하여 입 안의 촉감을 느껴본다. 입 안에 남은 술을 코로 숨을 쉬어 향과 맛을 느끼고, 경우에 따라 술을 삼키거나 뱉어 술의 단맛, 신맛, 짠맛, 감칠맛, 무게감, 여운 등을 느낀다.

술 테이스팅 평가 항목

구분			평가 항목
시각	외관		탁도, 투명도, 색상, 색 농도, 점성
후각	향		상태, 복합성, 강도, 지속성
	세부향	과일향	배, 참외, 멜론, 딸기, 사과, 살구, 자두, 매실, 수박, 복분자, 바나나, 복숭아, 파인애플, 유자
		식물향	풀, 쑥, 풋내, 버섯류, 바닐라
		곡물향	쌀겨, 생쌀, 갓 지은 밥, 밀, 조청, 엿기름, 누룽지
		꽃향	장미, 국화, 백합, 연꽃, 매화, 아카시아
		발효향	우유, 치즈, 버터, 요거트, 노주, 누룩
		견과류 향	생밤, 군밤, 찐밤, 아몬드, 잣, 땅콩
		한약재 향	인삼, 홍삼, 흑삼, 도라지, 더덕, 당귀, 황기, 구기자, 오미자, 대나무잎, 연잎, 솔잎, 송순, 울금, 생강, 대추, 미나리, 귤껍질, 계피, 후추
		이취	초산, 아세트알데히드, 종이, 흙, 고무, 유황, 열화취, 유취
		기타 향	간장, 메주, 캐러멜, 탄내
미각	오미		단맛, 짠맛, 신맛, 쓴맛, 감칠맛
	입 안 감촉		떫은맛, 자극적인 맛, 부드러운 맛, 톡 쏘는 맛, 무게감, 후미, 여운
	평가		균형(조화), 품질

막걸리

막걸리의 탁도는 흔들었을 때 입자의 굵기, 침전물의 뭉친 정도를 통해서 평가한다. 맛의 평가에서는 입 안의 촉감이 부드러운지, 거친지에 대한 평가가 중요하며, 살균 유무에 따라, 또 보관 상태에 따라 좋은 향과 나쁜 향을 판단할 줄 알아야 한다.

전분질 원료에 따라 걸쭉함과 텁텁함이 달라질 수 있다. 쌀막걸리에서는 가볍고 깔끔한 느낌이 들며, 밀가루 막걸리에서는 걸쭉함을 더 높게 느낄 수 있다.

탄산의 톡 쏘는 맛을 쓴맛으로 표현하는 경우도 있는데, 이는 탄산의 강렬한 느낌을 표현한 것으로 볼 수 있다. 탄산의 농도가 낮으면 텁텁한 느낌이 들고 개운한 느낌은 줄어들지만, 탄산의 농도가 높으면 청량감이 높아지고 산뜻하며 가벼운 느낌이 든다. 한편 청량감은 탄산의 농도뿐만 아니라 온도의 영향을 많이 받는데, 낮은 온도에서 더욱더 청량감이 높아진다.

약주·청주

약주·청주는 맑은 정도인 투명도가 중요하며, 침전물의 유무를 확인해야 한다. 색은 옅은 노란색에서 진한 갈색 등으로 다양하게 변하는데, 이것이 원료에 의한 것인지, 숙성에 의한 것인지, 보관이 잘못된 것인지에 대한 판단이 필요하다.

품평회장의 술 시료잔. 난수표 번호를 사용하여 제품 이름을 드러내지 않는다.

약주는 한약재를 사용한 경우 그 한약재에서 유래된 향이 술에서도 나오는지가 중요하다. 또한 고유의 맛인 감칠맛과 단맛의 정도가 중요하며, 오래된 묵은내(노주향)가 나는지를 판단하는 것 역시 중요하다.

소주

소주는 향기를 중심으로 평가한다. 소주 테이스팅 방법은 발효주와는 사뭇 다르다. 알코올 도수가 높기 때문에 여러 개의 소주를 맛보다 보면 맛 감각 기관이 쉽게 피로해진다. 그리고 알코올 농도의 차이가 크기 때문에 비교하기가 쉽지 않다. 따라서 소주는 일정 농도로 희석한 다음 테이스팅하는 방법을 사용해야 한다. 하지만 평가하고자 하는 샘플 수가 많지 않다면 원액 그대로 평가하는 것이 더 유리할 수 있다.

증류식 소주 중 상압 증류주는 열을 직접 술덧에 가열하는 방식을 행하고 있기 때문에 맛이 강렬하다. 즉, 미세한 성분이 들어 있어 농후한 맛이 나며 향과 맛이 자극적이고 탄내(가열취)가 날 수 있다.

반면 감압 증류주는 끓는점이 낮고 간접 가열 방식으로 탄내가 적고 자극취가 없으며 풍미가 안정적이기는 하지만 단조로운 경향이 있다.

자극적인 맛은 주로 알코올에 의해 느껴지는데, 소주를 숙성하게 되면 알코올과 물 분자 사이의 물리적 결합으로 자극적인 맛이 부드럽게 변하게 된다. 따라서 소주에서의 맛과 품질에는 숙성이 크게 영향을 미친다.

술 평가의 이해 ──

술의 향기 성분은 원료인 곡류와 누룩의 미생물 발효 과정 중에 주로 생성되며, 각 양조장의 환경에 따른 제조법에 따라서 달라진다. 술의 주된 향기 성분으로 배향이나 바나나 향, 사과 향을 내는 이소아밀알코올(isoamyl alcohol), 딸기향이나 파인애플 향을 내는 에틸아세테이트(ethyl acetate), 과일향이나 벌꿀

술 평가 메모. 술의 평가는 직관적이라고 할 정도로 짧은 순간에 느껴지는 것들을 기록해야 한다.

향을 내는 β-페닐에틸아세테이트(β-Phenylethyl acetate), 장미 향을 내는 2-페닐알코올(2-phenyl alcohol), 풀향을 내는 헥세 닐알코올(hexenyl alcohol) 등이 있다. 약주나 청주를 장기 저장 할 경우 노주향, 간장향, 약재향이 나기도 한다.

술에는 단맛, 신맛, 감칠맛, 쓴맛 등이 있다. 술의 단맛 성분에 는 전분 분해에 의한 단당류, 올리고당류, 발효에 의해 생성되 는 글리세롤이나, 첨가에 의한 인공감미료 등이 있다. 적당량의 유리아미노산은 술에서 감칠맛이 돌게 한다.

술의 신맛은 대부분 유기산으로 젖산, 호박산, 구연산, 초산 등이며, 이 신맛이 술의 맛과 제품 품질에 영향을 주는 중요한 지표가 된다. 이상 발효로 인하여 산도가 지나치게 높을 경우엔 단맛이 적어지고 신맛이 상대적으로 증가한다. 술에 있어서 쓴맛은 기본적으로 알코올 성분에서 나오고, 단백질의 분해 산물인 아미노산과 펩타이드에서도 느낄 수 있다. 또한 탄산의 농도가 높으면 쓴맛을 더 느끼게 된다.

술 평가는 술의 향과 맛의 특성을 평가하는 사람들이 공통적인 용어로 표현하는 것이 바람직하며, 특히 객관성이 요구되는 표준 견본과 결합된 용어 체계가 필요하다.

술 테이스팅의 의미

시각, 후각, 미각 등 모든 감각 기관을 동원하여 술의 특질을 파악하는 것.

※주예사는 술 테이스팅을 통해 술맛을 정확히 감별한 뒤 상세한 안내와 함께 손님이 적절한 선택을 할 수 있도록 도와주어야 한다.

막걸리 테이스팅

흔들었을 때 입자의 굵기, 침전물의 뭉친 정도를 통해 탁도를 평가.
맛의 평가에서는 입 안의 촉감이 부드러운지 거친지에 대한 평가가 중요.

※살균 유무, 보관 상태에 따라 좋은 향과 나쁜 향을 판단할 줄 알아야 한다.

약주와 청주 테이스팅

투명도가 중요, 침전물의 유무 확인.

※색은 옅은 노란색에서 진한 갈색까지 다양하게 변하는데, 그 이유가 원료 때문인지, 숙성에 의한 것인지, 잘못된 보관 때문인지 등의 판단이 필요하다.

소주 테이스팅

향기를 중심으로 평가.

※자극적인 맛은 주로 알코올에 의해 느껴지는데, 소주를 숙성하면 알코올과 물 분자 사이의 물리적 결합으로 자극적인 맛이 부드럽게 변한다.

[참고] 우리술 품평회 평가지

생·살균막걸리

항목(배점)	평가 기준	배점	평가
색 및 탁도 (15점)	※ **외관상 막걸리의 특징적인 색 및 탁도에 따라 평가**		
	○ 비정상적인 색상 및 탁도	5	
	○ 약간 벗어난 색상 및 탁도	8	
	○ 무난한 색상 및 탁도	12	
	○ 뛰어난 특징적인 색상 및 탁도	15	
향 (25점)	※ **막걸리의 특징적인 향의 존재 및 균형에 따라 평가**		
	○ 균형 잡히지 않은(바람직하지 않은) 싫은 향	10	
	○ 보통의 무난한 향	15	
	○ 균형된 좋은 향	20	
	○ 아주 균형 있는 특유의 좋은 향	25	
맛 (40점)	※ **막걸리의 특징적인 맛과 느낌의 균형성에 따라 평가**		
	○ 바람직하지 않은(조화롭지 못한) 나쁜 맛	10	
	○ 균형이 잡히지 않은 나쁜 맛	15	
	○ 보통의 무난한 맛	25	
	○ 균형 잡힌 유쾌한 맛	30	
	○ 균형이 잘 잡히고 막걸리의 특징적인 아주 좋은 맛	40	
후미 (10점)	※ **막걸리의 목넘김 후의 느낌에 따라 평가**		
	○ 싫은 느낌	5	
	○ 보통	7	
	○ 좋은 느낌	10	
종합적 평가 (10점)	※ **막걸리의 색상, 향, 맛 및 후미 등을 종합적으로 평가**		
	○ 나쁨	4	
	○ 보통	6	
	○ 좋음	8	
	○ 아주 좋음	10	
심사 총평			

약·청주

항목(배점)	평가 기준	배점	평가
색상 (10점)	※ 외관상 약·청주의 특징적인 색상에 따라 평가		
	○ 유쾌하지 않은 색상 및 혼탁	4	
	○ 약간 벗어난 색상	6	
	○ 무난한 색상	8	
	○ 맑고 뛰어나며 특징적인 색상	10	
향 (30점)	※ 이취의 유무 및 고유의 다양한 좋은 냄새의 조화도에 따라 평가		
	○ 바람직하지 않고 싫은 향	10	
	○ 이취가 약간 있고 조화롭지 못한 향	15	
	○ 균형 잡힌 무난한 향	25	
	○ 이취가 없고 다양한 향이 균형 잡힌 좋은 향	30	
맛 (35점)	※ 특징적인 맛과 조화로움 및 느낌의 균형성에 따라 평가		
	○ 바람직하지 않은(조화롭지 못한) 나쁜 맛	10	
	○ 이미가 있으며 균형이 잡히지 않은 맛	15	
	○ 보통의 무난한 맛	25	
	○ 맛의 조화가 적절하며 좋은 맛	30	
	○ 균형이 잘 잡히고 조화로운 아주 좋은 맛	35	
후미 (15점)	※ 목넘김 후의 느낌에 따라 평가		
	○ 싫은 느낌(부조화, 불쾌한 느낌)	5	
	○ 보통	10	
	○ 좋은 느낌(조화, 유쾌한 느낌)	15	
종합적 평가 (10점)	※ 색상, 향, 맛 및 후미 등을 종합적으로 평가		
	○ 나쁨	4	
	○ 보통	6	
	○ 좋음	8	
	○ 아주 좋음	10	
심사 총평			

소주, 일반 증류주

항목(배점)	평가 기준	배점	평가
색상 (10점)	※ 외관상 소주의 특징적인 색상에 따라 평가		
	○ 유쾌하지 않은 색상 및 혼탁	4	
	○ 약간 벗어난 색상	6	
	○ 무난한 색상 및 탁도	8	
	○ 맑고 깨끗하며 뛰어난 특징적인 색상	10	
향 (25점)	※ 이취의 유무 및 고유의 다양한 좋은 냄새의 조화도에 따라 평가		
	○ 이취가 있고 바람직하지 않은 싫은 향	10	
	○ 부드러우나 이취가 약간 있고 조화롭지 못한 향	15	
	○ 부드럽고 균형 잡힌 무난한 향	20	
	○ 이취가 없고 다양한 향이 균형 잡힌 좋은 향	25	
맛 (35점)	※ 특징적인 맛과 조화로움 및 느낌의 균형성에 따라 평가		
	○ 바람직하지 않은(조화롭지 못한) 나쁜 맛	10	
	○ 이미가 있으며 균형이 잡히지 않은 맛	15	
	○ 보통의 무난한 맛	25	
	○ 맛의 조화가 적절하며 좋은 맛	30	
	○ 균형이 잘 잡히고 조화로운 아주 좋은 맛	35	
후미 (20점)	※ 목넘김 후의 느낌에 따라 평가		
	○ 싫은 느낌(부조화, 불쾌한 느낌)	10	
	○ 보통	15	
	○ 좋은 느낌(조화, 유쾌한 느낌)	20	
종합적 평가 (10점)	※ 색상, 향, 맛 및 후미 등을 종합적으로 평가		
	○ 나쁨	4	
	○ 보통	6	
	○ 좋음	8	
	○ 아주 좋음	10	
심사 총평			

CLASSIFY

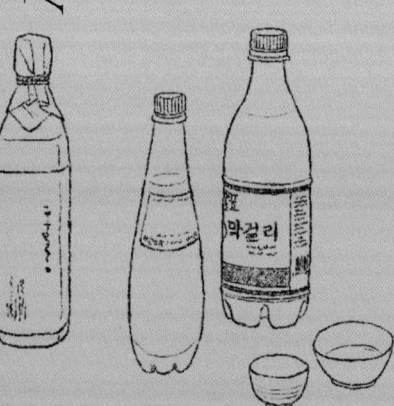

05

🫗

술의 현주소

주종 분류

우리술은 일반적으로 막걸리, 약주·청주, 소주와 과실주 정도로 구분된다. 하지만 술의 상표와 라벨을 자세히 살펴보면 다소 생소하기도 한 용어들이 쓰여 있는 것을 볼 수 있다. 이는 주세법상의 분류에 의거한 술의 종류 표시다.

술은 주세법을 적용받아 과세 대상으로 엄격히 관리되고 있어 좀 더 세밀한 구분이 필요한 품목이다. 국가에서는 제조 원료, 제조 방법, 첨가물, 성상 등은 물론 세계적으로 통용되는 술의 특징을 반영하고, 우리나라 전통주의 차별화와 전통성을 확보하기 위한 목적으로 그 종류를 구분하고 있다.

주세법에 의하면 법령이 정하는 바에 의거 탁주, 약주, 청주, 과실주, 소주, 일반 증류주, 리큐르, 기타주류 등 총 8가지로 구

2015년 우리술 품평회 수상작

분된다. 수예사는 일반적인 구분뿐 아니라 주세법상 분류되는
주류의 특성을 숙지하고 구분할 수 있는 능력이 필요하다.

탁주 ———

흔히 막걸리라고 불린다. 쌀이나 밀 같은 곡류를 원료로 누룩
이나 입국 같은 발효제와 물을 사용하여 술을 빚은 후 뿌연 대
로 완성시켜 만든 것이다. 녹말이 포함된 재료, 즉 곡류 외에 과
실이나 채소, 당류를 첨가할 수 있지만, 전체 원료 대비 곡류의
사용 비율이 50% 이상이어야 한다.

약주 ―――

　곡물 원료를 사용하여 술을 빚은 후 여과하여 맑게 만든 술을 말한다. 이때 곡물 원료에 과실과 채소 및 당류를 첨가할 수 있다. 단, 멥쌀과 찹쌀로만 술을 만든 경우에는 누룩을 1% 이상 사용해야 한다. 이는 주세법상 약주가 청주와 구분이 되는 점이다.

청주 ―――

　곡물 원료 중 쌀 혹은 찹쌀에 입국과 물을 첨가하여 발효시킨 후 맑게 여과한 술이다. 누룩은 1% 미만으로 사용해야 한다. 주정을 첨가해 사용할 수도 있다. 단, 청주 알코올 도수의 제한은 없지만, 주정이 들어간 경우에는 25% 미만이어야 한다. 그리고 주정을 첨가한 청주는 당분과 산분, 조미료, 향료, 색소 첨가가 가능하다.

과실주 ―――

　과실을 발효시켜 만든 술이다. 즉, 단일 과실 혹은 과실과 당분, 물을 혼합해 만들어진 술을 말한다. 지역 대표 과실의 특성을 살려 만드는 경우가 많으며 포도, 사과, 복숭아, 딸기, 배, 머루 등이 사용된다. 당분을 첨가한 후 발효시켜 인공적으로 탄산가스가 포함되게 만드는 것도 가능하다.

소주

곡류에 발효제를 사용하여 술을 만든 후 증류하여 생산한 술을 말한다. 전통적인 개념에서의 소주는 증류한 술 전체를 의미했다. 얼마 전까지 소주는 주정을 사용해 만든 희석식 소주와 발효 후 증류를 한 증류식 소주로 나누어져 있었으나 최근에 소주로 명칭을 통일했다.

일반 증류주

증류주 중 소주, 위스키, 브랜디, 리큐르를 제외한 술이다. 술에서 액체를 증발시키고 남은 고형분(불휘발분)이 2도 미만이어야 한다.

리큐르 ——

증류주나 주정에 과실, 약초 등의 성분과 설탕, 포도당, 꿀, 향료, 색소 등을 넣어 만든 술이다. 일반 증류주의 규격에 불휘발분이 2도 이상인 것도 리큐르로 분류된다.

기타주류 ——

주정을 비롯해 발효주류, 증류주류에 속하지 않은 술을 말한다. 주로 증류주와 양조주를 혼합하거나 상기 주류에 허용하지 않는 첨가물들을 넣은 것으로, 음식의 맛을 내는 조미주 같은 것들도 이에 속한다.

[참고] 주세법상의 술 분류

법률 제13248호 주류의 종류별 세부 내용(제4조 제2항 관련) 중
본 책에서 다루는 우리술 관련 주종 분류는 다음과 같다.

탁주
1) 녹말이 포함된 재료(발아시킨 곡류는 제외한다)와 국(麴) 및 물을 원료로 하여
   발효시킨 술덧을 여과하지 않고 혼탁하게 제성한 것
2) 1)에 따른 주류의 원료에 당분을 첨가하여 발효시킨 술덧을 여과하지 아니하고
   혼탁하게 제성한 것
3) 1) 또는 2)에 따른 주류의 원료에 과실·채소류를 첨가하여 발효시킨 술덧을
   여과하지 아니하고 혼탁하게 제성한 것
4) 1)부터 3)까지의 규정에 따른 주류의 발효·제성 과정에 대통령령으로 정하는
   재료를 첨가한 것

약주
1) 녹말이 포함된 재료(발아시킨 곡류는 제외한다)와 국(麴) 및 물을 원료로 하여
   발효시킨 술덧을 여과하여 제성한 것
2) 1)에 따른 주류의 원료에 당분을 첨가하여 발효시킨 술덧을 여과하여 제성한 것
3) 1) 또는 2)에 따른 주류의 원료에 과실·채소류를 첨가하여 발효시킨 술덧을
   여과하여 제성한 것
4) 1)부터 3)까지의 규정에 따른 주류의 발효·제성 과정에 대통령령으로 정하는
   재료를 첨가한 것
5) 1)부터 4)까지의 규정에 따른 주류의 발효·제성 과정에 대통령령으로 정하는
   주류를 혼합하여 제성한 것으로서 알코올분 도수가 대통령령으로 정하는 도수
   범위 내인 것

청주
1) 곡류 중 쌀(찹쌀을 포함한다), 국(麴) 및 물을 원료로 하여 발효시킨 술덧을
   여과하여 제성한 것 또는 그 발효·제성 과정에 대통령령으로 정하는 재료를
   첨가한 것
2) 1)에 따른 주류의 발효·제성 과정에 대통령령으로 정하는 주류 또는 재료를
   혼합하거나 첨가하여 여과하여 제성한 것으로서 알코올분 도수가 대통령령으로
   정하는 도수 범위 내인 것

과실주

1) 과실(과실즙과 건조시킨 과실을 포함한다. 이하 같다) 또는 과실과 물을 원료로 하여 발효시킨 술덧을 여과하여 제성하거나 나무통에 넣어 저장한 것
2) 과실을 주된 원료로 하여 당분과 물을 혼합하여 발효시킨 술덧을 여과하여 제성하거나 나무통에 넣어 저장한 것
3) 1) 또는 2)에 따른 주류의 발효·제성 과정에 과실 또는 당분을 첨가하여 발효시켜 인공적으로 탄산가스가 포함되게 하여 제성한 것
4) 1) 또는 2)에 따른 주류의 발효·제성 과정에 과실즙을 첨가한 것 또는 이에 대통령령으로 정하는 재료를 첨가한 것
5) 1)부터 4)까지의 규정에 따른 주류의 발효·제성 과정에 대통령령으로 정하는 주류 또는 재료를 혼합하거나 첨가한 것으로서 알코올분 도수가 대통령령으로 정하는 도수 범위 내인 것
6) 1)부터 5)까지의 규정에 따른 주류의 발효·제성 과정에 대통령령으로 정하는 재료를 첨가한 것

소주

1) 녹말이 포함된 재료, 국(麴)과 물을 원료로 하여 발효시켜 연속식 증류 외의 방법으로 증류한 것. 다만, 발아시킨 곡류(대통령령으로 정하는 것은 제외한다)를 원료의 전부 또는 일부로 한 것, 곡류에 물을 뿌려 섞어 밀봉·발효시켜 증류한 것 또는 자작나무 숯(다른 재료를 혼합한 숯을 포함한다. 이하 같다)으로 여과한 것은 제외한다.
2) 1)에 따른 주류의 발효·제성 과정에 대통령령으로 정하는 재료를 첨가한 것

일반 증류주

다음 중 어느 하나에 규정된 것으로서 제1호 또는 제3호 가목부터 다목까지의 규정에 따른 주류 외의 것. 다만, 6)부터 10)까지의 규정에 따른 첨가 재료에 과실·채소류가 포함되는 경우에는 과실·채소류를 발효시키지 아니하고 사용하여야 한다.

1) 수수 또는 옥수수, 그 밖에 녹말이 포함된 재료와 국(麴)을 원료(고량주 지게미를 첨가하는 경우를 포함한다)로 하여 물을 뿌려 섞은 것을 밀봉하여 발효시켜 증류한 것
2) 사탕수수, 사탕무, 설탕(원당을 포함한다) 또는 당밀 중 하나 이상의 재료를 주된 원료로 하여 물과 함께 발효시킨 술덧을 증류한 것
3) 술덧이나 그 밖에 알코올분이 포함된 재료를 증류한 주류에 노간주나무 열매 및 식물을 첨가하여 증류한 것
4) 주정이나 그 밖에 알코올분이 포함된 재료를 증류한 주류를 자작나무 숯으로 여과하여 무색·투명하게 제성한 것
5) 녹말 또는 당분이 포함된 재료를 주된 원료로 하여 발효시켜 증류한 것
6) 1)부터 5)까지의 규정에 따른 주류의 발효·증류·제성 과정에 대통령령으로 정하는 재료를 첨가한 것

7) 1)부터 5)까지의 규정에 따른 주류를 혼합한 것 또는 이들 혼합한 주류의
   증류·제성 과정에 대통령령으로 정하는 재료를 첨가한 것
8) 제1호, 제3호 가목부터 다목까지의 규정에 따른 주류의 발효·증류·제성 과정에
   대통령령으로 정하는 재료를 첨가한 것
9) 제1호, 제3호 가목부터 다목까지의 규정에 따른 주류를 혼합한 것 또는 이들
   혼합한 주류의 증류·제성 과정에 대통령령으로 정하는 재료를 첨가한 것
10) 1)부터 5)까지, 제1호, 제3호 가목부터 다목까지의 규정에 따른 주류를 혼합한
    것 또는 이들 혼합한 주류의 증류·제성 과정에 대통령령으로 정하는 재료를
    첨가한 것
11) 1)부터 10)까지의 규정에 따른 주류를 나무통에 넣어 저장한 것

리큐르
제4조 제3호 라목에 따른 주류로서 불휘발분이 2도 이상인 것

기타주류
가. 용해하여 알코올분 1도 이상의 음료로 할 수 있는 가루 상태인 것
나. 발효에 의하여 제성한 주류로서 제2호에 따른 주류 외의 것
다. 쌀 및 입국(粒麴)에 주정을 첨가해서 여과한 것 또는 이에 대통령령으로 정하는
   재료를 첨가하여 여과한 것
라. 발효에 의하여 만든 주류와 제1호 또는 제3호에 따른 주류를 섞은 것으로서
   제2호에 따른 주류 외의 것
마. 그 밖에 제1호부터 제3호까지 및 제4호 가목부터 라목까지의 규정에 따른 주류
   외의 것

지역별 술

우리나라의 지역별 술을 소개한다. 무형문화재 술, 식품 명인 술, 우리술 품평회 대표 수상작, 농림축산식품부가 선정한 찾아가는 양조장 술, 지역 매출이 큰 술 등을 중심으로 구성했다.

2015년 기준으로 국세청에 등록된 양조 면허 수는 1,796개가 존재한다. 그리고 이 숫자보다 훨씬 많은 술이 전국 방방곡곡에서 빚어지고 있다. 우리술에 애정을 갖고 숨겨진 보석 같은 술을 찾아 이를 잘 이해하고 널리 알리는 것은 우리 모두의 몫이다.

🔶 무형문화재 🔶 식품 명인 🔶 우리술 품평회 🔶 찾아가는 양조장 🔶 지역별 매출 🔶 지역성

서울 · 경기 · 인천

🔷 가평잣생막걸리

주종 탁주
양조장 (주)우리술
지역 경기도 가평군
알코올 도수 6%
주원료 쌀, 잣
제품설명 국내산 쌀과 가평의 특산품인 잣을 엄선하여 빚은 막걸리로 탄산감이 있고 맛이 부드러우며, 가평 잣 특유의 고소한 맛이 옅게 돈다.

감홍로

주종 일반 증류주
양조장 농업회사법인 (주) 감홍로
지역 경기도 파주시
알코올 도수 40%
주원료 쌀, 조, 용안육, 계피, 진피, 정향, 생강, 감초, 자초
제품설명 평양에서 가장 이름난 술이었다. 쌀과 조를 주원료로 삼아 증류한 술로 다양한 약재가 들어가서 맛이 진하다.

김포약주

주종 약주
양조장 김포양조
지역 경기도 김포시
알코올 도수 11%
주원료 밀가루, 옥수수 가루
제품설명 김포는 약주로 유명한 동네다. 오래도록 밀가루와 옥수수 가루를 써오면서 새로운 맛을 찾게 되었는데, 맛은 담백하면서도 구수한 감칠맛이 돈다.

남한산성소주

주종 증류식 소주
양조장 남한산성소주
지역 경기도 광주시
알코올 도수 40%
주원류 쌀, 엿기름
제품설명 엿기름으로 쌀 조청을 만들어 누룩을 만들고, 밑술을 만드는 게 특별하다. 알코올 도수가 40도로 높아 독한 편이지만 쌀소주 특유의 부드러움을 지니고 있다.

느린마을막걸리

주종 탁주
양조장 느린마을 양조장
지역 서울시 서초구
알코올 도수 6%
주원료 쌀
제품설명 유난히 백색이 돌고 묵직하게 느껴지는 막걸리다. 단맛이 제법 돌고 균형감이 있다. '2015년 우리 술 품평회' 생막걸리 부문에서 대상을 받았다.

매실원주

주종 리큐르 **양조장** 더한
지역 서울시 중구
알코올 도수 15%
주원료 황매실 80%, 청매실 20%, 꿀
제품설명 잘 익은 황매실를 주정에 담아 매실의 성분을 우려낸 매실주다. 매실의 상큼한 맛과 향이 소주의 매운 기운과 잘 어우러져 있다.

머루드서

주종 과실주
양조장 산머루농원영농조합법인
지역 경기도 파주시
알코올 도수 13.5%
주원료 국산 산머루 100%
제품설명 감악산 주변에서 재배한 산머루로 만든 와인으로, 색이 짙고 검푸르며 맛도 포도 와인보다 깊고 진하며 여운이 길다.

문배술

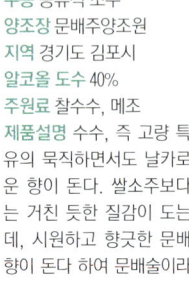

주종 증류식 소주
양조장 문배주양조원
지역 경기도 김포시
알코올 도수 40%
주원료 찰수수, 메조
제품설명 수수, 즉 고량 특
유의 묵직하면서도 날카로
운 향이 돈다. 쌀소주보다
는 거친 듯한 질감이 도는
데, 시원하고 향긋한 문배
향이 돈다 하여 문배술이라
부른다.

배다리막걸리

주종 탁주
양조장 고양탁주합동제조장
지역 경기도 고양시
알코올 도수 7%
주원료 쌀, 밀가루
제품설명 알코올 도수가
7%로 높아 맛이 진하게 느
껴진다. 고양 탁주의 차별
화된 상품으로 탄산이 잘
잡혀 신선하면서도 청량감
이 있다.

부자 10도

주종 살균 탁주
양조장 배혜정도가
지역 경기도 화성시
알코올 도수 10%
주원료 쌀
제품설명 부자 10도는 유리
병에 담긴 프리미엄 막걸리
로, 술에 힘이 있고 맛이 깊
다. 과일향이 은은하게 돌
고, 생쌀 발효를 하여 쌀음
료와 같은 곡물향이 구수하
게 느껴진다.

산사춘

주종 약주
양조장 배상면주가
지역 경기도 포천시
알코올 도수 13%
주원료 쌀, 산수유, 산사나
무 열매
제품설명 쌀을 주원료로 하
여 산사나무와 산수유 열매
로 향과 맛의 깊이를 더했
다. 은은한 과실향에 새콤한
맛이 미각을 살려준다.

산양산삼가든 별

주종 약주
양조장 대농바이오영농조합
지역 경기도 광주시
알코올 도수 13%
주원료 쌀, 산양산삼
제품설명 일반 인삼주와 달
리 알코올 향이 강하지 않
고, 산양삼의 깊은 향과 뿌
리 약재의 특유한 맛이 스
며 있는 아주 부드러운 약
주다.

소성주

주종 탁주
양조장 인천탁주합동
지역 인천시 부평구
알코올 도수 6%
주원료 쌀
제품설명 '소성'은 인천의
옛 이름으로, 소성주는 인
천 지역에서 절대적인 지지
를 받고 있는 맹주다. 술이
부드럽고 은은하면서도 오
래 냉장 보관해 마시면 맛
이 담백하고 깊어진다.

옥로주

주종 증류식 소주
양조장 예도주가
지역 경기도 안산시
알코올 도수 40%
주원료 쌀, 율무
제품설명 맑은 쌀소주의 기운에 부드럽고 은은한 율무의 맛이 어우러진 술이다. 경기도 시도무형문화재 제12호로 지정되어 있으며, 지역 쌀을 이용하여 빚고 증류한다.

이천생막걸리

주종 탁주
양조장 오성주조장
지역 경기도 이천시
알코올 도수 6%
주원료 쌀
제품설명 이천의 다섯 개 양조장이 통합하여 빚은 막걸리다. 품질 좋은 이천 쌀을 원료로 빚어 술 빛깔이 맑으며, 술맛이 깔끔하고 산뜻하다.

장수막걸리

주종 탁주
양조장 서울탁주제조협회
지역 서울시 영등포구 외 6곳
알코올 도수 6%
주원료 쌀
제품설명 서울을 기반으로 만들어지며, 대한민국에서 가장 많이 소비되는 막걸리다. 그만큼 대중적이며, 작금의 달보드레한 막걸리의 맛을 이끈 제품이다.

지평막걸리

주종 탁주
양조장 지평주조장
지역 경기도 양평군
알코올 도수 6%
주원료 쌀, 밀
제품설명 쌀막걸리와 밀막걸리를 함께 생산하는데, 쌀막걸리는 맑고 경쾌하며, 밀막걸리는 약간 텁텁하면서도 묵직하다. 서울에서도 인기가 높다.

찹쌀생막걸리

주종 탁주
양조장 내촌양조장
지역 경기도 포천시
알코올 도수 6%
주원료 찹쌀, 멥쌀, 밀
제품설명 포천은 막걸리 양조장이 밀집된 고장이다. 그곳에서 꾸준하게 브랜드 가치를 올리고 있는 이 양조장의 차별화된 제품이 찹쌀막걸리다.

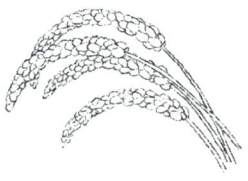

포천이동막걸리

주종 탁주
양조장 이동주조주식회사
지역 경기도 포천시
알코올 도수 6%
주원료 쌀, 밀
제품설명 이동막걸리는 오늘의 포천 막걸리의 명성을 이끌고 있는 업체다. 일본 시장도 가장 앞서서 개척한 회사로, 탄산감이 강하고 부드러운 막걸리의 맛을 주도하고 있다.

한주

주종 증류식 소주
양조장 한주양조
지역 경기도 안성시
알코올 도수 35%
주원료 쌀
제품설명 부드러운 쌀소주로, 서울시 무형문화재로 지정된 송절주를 바탕으로 만든 술이다. 소나무 마디를 발효 과정에 넣어서 솔향을 은근하게 담아내고 있다.

허니비와인

주종 기타주류
양조장 아이비영농조합법인
지역 경기도 양평군
알코올 도수 8%
주원료 벌꿀
제품설명 양평의 맑은 물과 청정 지역에서 채취한 천연 벌꿀만을 이용하여 제조된 허니비와인은 벌꿀 특유의 부드럽고 달콤한 향과 상큼한 끝맛이 인상적이다.

화요41

주종 증류식 소주
양조장 화요
지역 경기도 여주시
알코올 도수 41%
주원료 쌀
제품설명 국내산 쌀과 여주의 천연 암반수를 이용하여 빚는데, 술맛이 담백하면서 깔끔하다. 감압 증류, 옹기 숙성, 오크통 숙성 등 전통과 현대가 어우러진 다양한 시도를 하고 있다.

강원

서주(감자술)

주종 약주
양조장 오대서주양조장
지역 강원도 평창군
알코올 도수 13%
주원료 쌀, 감자
제품설명 강원도의 특산물
인 감자를 주원료로 빚은 술
이다. 알코올 13%로 부드럽
고 순한데, 감자에서 풍기는
아릿한 맛이 인상적이다.

곤드레막걸리

주종 탁주
양조장 정선명주
지역 강원도 정선군
알코올 도수 6%
주원료 쌀, 곤드레나물, 감자
제품설명 강원도 정선의 특
산물인 곤드레나물과 감자
로 곤드레나물밥을 지어 술
을 빚는다. 충분하게 숙성
을 시켜 탄산 양이 적지만
목넘김이 부드럽다.

대박

주종 탁주
양조장 국순당
지역 강원도 횡성군
알코올 도수 6%
주원료 쌀
제품설명 대박은 생쌀 발효
법으로 빚는다. 술맛에서 쌀
음료다운 부드러움과 구수
함이 느껴지는데, 과일향이
돌기도 하고 치즈향이 돌기
도 한다.

동강더덕술

주종 리큐르
양조장 영월더덕영농조합
법인
지역 강원도 영월군
알코올 도수 20%
주원료 주정, 더덕, 구기자,
감초, 원지
제품설명 영월에서 나는 더
덕으로 빚은 술로, 더덕향은
휘발성이 강해서 느끼기 어
렵지만 약효는 잘 담아냈다.

동몽

주종 약주
양조장 전통주조 예술
지역 강원도 홍천군
알코올 도수 17%
주원료 찹쌀, 미니 단호박
제품설명 지역 쌀과 직접
만든 누룩, 홍천 단호박으
로 빚은 술이다. 세 번에 나
눠 100일에 걸쳐 빚는데, 직
접 디뎌 만든 누룩향이 술
맛에 강하게 스며 있다.

메밀막걸리

주종 탁주
양조장 봉평메밀F&B영농법인
지역 강원도 평창군
알코올 도수 6%
주원료 쌀, 메밀
제품설명 강원도 메밀을 이용하여 빚는데, 메밀의 은은한 향과 구수한 맛이 편안하면서도 따뜻하게 느껴진다.

산천어막걸리

주종 탁주
양조장 (주)화천주가
지역 강원도 화천군
알코올 도수 6%
주원료 쌀
제품설명 산천어 축제로 이름을 얻은 화천에서 빚어지는 막걸리다. 깔끔하고 상큼한 맛이 잘 살아 있는 톡톡 튀는 술이다.

정선 아우라지 옥수수막걸리

주종 탁주
양조장 여량양조장
지역 강원도 정선군
알코올 도수 8%
주원료 쌀, 옥수수, 밀가루
제품설명 쌀을 주재료로 삼고 강원도 옥수수를 가루 내서 발효시킨 막걸리로, 거친 듯하면서도 감칠맛이 돌아 지역 특산품으로서 인기가 많다.

주문진동동주

주종 탁주
양조장 주문진탁주합동제조장
지역 강원도 강릉시
알코올 도수 6%
주원료 쌀
제품설명 텁텁한 막걸리보다는 조금 더 맑고 가벼운 동동주 스타일을 선호하는 지역 소비자의 취향에 맞춘 제품이다.

지장수호박생막걸리

주종 탁주
양조장 (주)낙천
지역 강원도 동해시
알코올 도수 6%
주원료 쌀, 밀, 호박
제품설명 국내산 쌀과 호박 그리고 황토의 미네랄을 함유한 지장수로 빚은 막걸리다. 노란 빛깔만큼이나 맛이 풍부하고 향이 짙은 개성 있는 막걸리다.

치악산막걸리

주종 탁주
양조장 원주탁주합동제조장
지역 강원도 원주시
알코올 도수 7%
주원료 쌀, 밀가루
제품설명 강원도 원주를 중심으로 대중들로부터 큰 인기를 얻고 있는 제품으로, 탄산이 강하면서도 묵직한 맛과 질감을 잘 유지하고 있다.

충청 · 대전

 계룡백일주

주종 리큐르
양조장 계룡백일주
지역 충청남도 공주시
알코올 도수 40%
주원료 찹쌀, 멥쌀, 국화, 오미자, 솔잎, 꿀, 진달래꽃
제품설명 100일간 저온 발효시켜 빚는, 국화의 은은한 향과 솔잎의 쌉쌀한 맛과 오미자의 신맛이 부드럽게 어우러진 전통주다.

 덕산막걸리

주종 탁주
양조장 진천덕산양조(주)
지역 충청북도 진천군
알코올 도수 6%
주원료 쌀, 밀가루
제품설명 1930년대부터 이어져온 양조장으로, 막걸리의 구수한 맛, 달콤한 맛, 상큼한 맛의 균형을 잘 유지하고 있다.

 면천두견주

주종 약주
양조장 면천두견주보존회
지역 충청남도 당진시
알코올 도수 18%
주원료 찹쌀, 진달래꽃
제품설명 국가지정 문화재로 지정된 술이다. 찹쌀과 누룩과 진달래꽃으로 빚는데, 담황색을 띠며 달콤하면서도 감칠맛이 있고 뒷맛의 여운이 오래 남는 술이다.

 백련생막걸리

주종 탁주
양조장 신평양조장
지역 충청남도 당진시
알코올 도수 6%
주원료 쌀, 연잎
제품설명 백련 잎을 발효 과정에 첨가하여 술맛이 담백하면서도 두툼해졌다. 철저한 온도 관리를 통해서 한정 생산하는데, 꽃향이 느껴지고 맛이 은근하여 여운이 길게 남는다.

보은송로주

주종 일반 증류주
양조장 보은송로
지역 충청북도 보은군
알코올 도수 40%
주원료 쌀, 솔옹이, 백봉령
제품설명 속리산에서 채취한 소나무 잎과 솔옹이, 소나무 뿌리에서 자라는 복령을 이용하여 먼저 솔향 가득한 술을 만들고, 이를 증류하여 솔향을 부드럽게 담아낸 소주다.

생유막걸리

주종 탁주
양조장 신탄진주조장
지역 대전광역시 대덕구
알코올 도수 6%
주원료 쌀
제품설명 신탄진주조는 막걸리와 약주를 제조하고 있는 탄탄한 회사로, 대전 시내뿐 아니라 서울에도 생유막걸리를 내놓고 있다. 이 막걸리는 부드럽고 달콤한 맛을 지녔다.

샤토미소 로제스위트 와인

주종 과실주
양조장 도란원
지역 충청북도 영동군
알코올 도수 12%
주원료 영동포도(캠벨)
제품설명 한국형 와인의 가치를 높이기 위해 직접 농사지은 포도를 발효·숙성시켜 상품화시키고 있다. 로제 와인 특유의 빛깔이 아름답고 새콤달콤한 맛이 잘 어우러져 있다.

소나무와 학

주종 일반 증류주
양조장 용두산조은술영농조합
지역 충청북도 제천시
알코올 도수 43%
주원료 쌀, 황기, 당귀, 솔잎
제품설명 오대쌀을 발효·숙성한 다음 증류하여 황기, 당귀 등의 약초에 침출 후 1년 이상 장기 숙성한 술로 약초 향과 함께 깔끔한 맛이 난다.

소백산막걸리

주종 탁주
양조장 대강양조장
지역 충청북도 단양군
알코올 도수 6%
주원료 쌀, 밀
제품설명 단양을 근거지로 삼고 있지만 서울에서도 알아줄 만큼 유명세를 타고 있다. 쌀과 밀의 황금 배합비로 인해 쌀의 산뜻한 맛과 밀의 구수한 맛을 잘 결합시켰다.

수삼단본720

주종 일반 증류주
양조장 금산인삼주
지역 충청남도 금산군
알코올 도수 43%
주원료 쌀, 인삼
제품설명 쌀, 누룩, 천연 암반수에 5년근 이상의 인삼을 분쇄해 넣고 저온 발효시킨 술로, 소주에 단순히 인삼을 담아 우려낸 침출주와는 달리 순하고 은은한 인삼향이 돈다.

신선주

주종 일반 증류주
양조장 신선주연구소
지역 충청북도 청주시
알코올 도수 43%
주원료 찹쌀, 인삼, 구기자, 숙지황, 생지황, 감국화, 맥문동, 지골피
제품설명 충청북도 무형문화재 제4호로, 약재가 들어간 발효주를 증류하여 얻어내 향이 강하다.

우렁이쌀손막걸리

주종 탁주
양조장 양촌양조장
지역 충청남도 논산시
알코올 도수 7.5%
주원료 쌀
제품설명 우렁이 농법으로 재배한 논산 지역의 무농약 쌀을 원료로 만들어진다. 기존의 막걸리에 비해 긴 시간 저온 숙성하여 부드러우면서 달콤한 맛이 돈다.

원막걸리

주종 탁주
양조장 대전주조
지역 대전광역시 중구
알코올 도수 7%
주원료 쌀
제품설명 원막걸리는 대전 막걸리 시장을 주름잡고 있는 맹주다. 달콤하면서도 부드럽고 탄산감이 있는 현대 막걸리 맛을 구현하고 있다.

입장탁주

주종 탁주
양조장 입장주조
지역 충청남도 천안시
알코올 도수 7%
주원료 쌀
제품설명 쌀을 익히지 않고 분쇄하여 발효시키는 생쌀발효법으로 만든다. 설익거나 거친 맛이 나지 않고, 쌀의 부드럽고 깊은 맛을 잘 살렸다.

청명주

주종 약주
양조장 중원당
지역 충청북도 충주시
알코올 도수 17%
주원료 찹쌀
제품설명 국내산 찹쌀과 통밀로 제조한 누룩을 사용하여 저온에서 약 100일 동안 발효·숙성시켜 황금색이 돌고 술맛이 달콤하며 농도가 짙다.

청양둔송구기주

주종 약주
양조장 청양둔송구기주
지역 충청남도 청양군
알코올 도수 16%
주원료 찹쌀, 멥쌀, 구기자
제품설명 청양의 특산물인 구기자와 다양한 약재가 들어 있어 진정한 약주라 칭할 만하다. 구기자에서 풍기는 매운 맛이 엷게 스며 있고 감칠맛이 있다.

청주생막걸리

주종 탁주
양조장 조은술세종
지역 충청북도 청주시
알코올 도수 6%
주원료 쌀, 밀
제품설명 쌀막걸리의 경쾌하고 산뜻한 맛을 잘 살린 막걸리다. 탄산감이 좋고 부드러워서 알코올이 들어간 청량음료 같다.

추사애플와인

주종 과실주
양조장 예산사과와인
지역 충청남도 예산군
알코올 도수 12%
주원료 사과
제품설명 예산의 특산물인 사과를 가지고 빚는 달콤한 사과 와인이다. 사과밭 앞에 와이너리가 있어서 과수 농업 견학과 와인 시음을 함께 할 수 있다.

한산소곡주

주종 약주
양조장 한산소곡주
지역 충청남도 서천군
알코올 도수 18%
주원료 찹쌀, 멥쌀, 들국화
제품설명 찹쌀과 누룩을 주원료로 삼고 구절초, 홍고추 등의 부재가 들어간다. 술은 100일 발효·숙성시켜 황갈색이 도는데, 맛이 진하고 달콤 쌉싸름하다.

전라 · 광주

나누우리

주종 탁주
양조장 순천주조
지역 전라남도 순천시
알코올 도수 6%
주원료 쌀
제품설명 순천 지역 쌀을 일찍부터 사용하여 막걸리를 차별화시켜왔다. 이 여파로 주변 지역 양조장들도 지역 쌀을 쓰게 되었다. 맛이 부드럽고 깔끔하다.

대대포막걸리

주종 탁주
양조장 죽향도가
지역 전라남도 담양군
알코올 도수 6%
주원료 쌀, 벌꿀
제품설명 유기농 쌀로 술을 빚고 달콤한 벌꿀을 넣어 단맛을 더했다. 쌀의 풍미와 꿀의 향이 입 안에서 복합적인 맛을 보여준다.

무등산쌀막걸리

주종 탁주
양조장 광주무등산탁주
지역 광주광역시 북구
알코올 도수 6%
주원료 쌀
제품설명 광주에서 가장 인기 있고 많이 팔리는 막걸리다. 도시 막걸리다운 부드러움과 청량한 상쾌함을 잘 담아내고 있다.

병영소주

주종 일반 증류주
양조장 병영양조장
지역 전라남도 강진군
알코올 도수 40%
주원료 보리
제품설명 대한민국 식품명인 제61호 김견식 명인이 빚는 보리로 만드는 소주로, 고소한 곡물향이 그윽하다. 차가운 얼음을 넣어 마시면 더욱 맛있게 즐길 수 있다.

붉은진주머루와인

주종 과실주
양조장 농업법인(주)붉은진주
지역 전라북도 무주군
알코올 도수 12%
주원료 산머루
제품설명 무주 머루를 원료로 빚는다. 머루에는 포도보다 풍부한 색소와 다량의 유기산, 폴리페놀성 화합물, 비타민 및 무기질이 풍부하게 들어 있다.

송화백일주

주종 리큐르
양조장 송화양조
지역 전라북도 완주군
알코올 도수 38%
주원료 쌀, 찹쌀, 산수유, 오미자, 솔잎, 구기자, 꿀, 송홧가루
제품설명 주원료 외에도 송화, 솔잎 등의 재료를 사용, 장기 숙성 후 출시한다. 풍미가 뛰어나고 여운이 오래도록 은은하게 유지된다.

자희향국화주

주종 약주
양조장 자희자양
지역 전라남도 함평군
알코올 도수 15%
주원료 쌀, 찹쌀, 국화
제품설명 찹쌀을 주원료로 하여 100일간 옹기에 자연 발효시킨 약주이다. 전통 누룩을 사용하여 이양주로 빚어낸 자희향은 발효 과정에서 생성되는 자연스러운 단맛과 향기가 인상적이다.

전주쌀막걸리

주종 탁주
양조장 전주주조
지역 전라북도 전주시
알코올 도수 6%
주원료 쌀, 밀
제품설명 전주 막걸리 골목을 휘어잡고 있는 막걸리다. 쌀을 주원료로 삼고 있으며, 탄산감이 좋고 달달하면서도 부드러운 맛을 지녔다.

전주이강주

주종 리큐르
양조장 전주이강주
지역 전라북도 전주시
알코올 도수 25%
주원료 쌀, 보리, 밀, 배, 생강, 울금, 계피, 꿀
제품설명 매력적인 향기를 지니고 있다. 원료의 맛이 잘 어우러져 달콤하고도 매콤한 맛이 난다.

죽력고

주종 일반 증류주
양조장 태인합동주조장
지역 전라북도 정읍시
알코올 도수 32%
주원료 쌀, 죽력
제품설명 죽력은 훈증하여 얻어진 대나무 기름인데, 죽력고에는 이 죽력이 들어가 노르스름한 빛이 돌고 기름지며 그을린 듯한 향이 돈다.

진도홍주

주종 리큐르
양조장 대대로영농조합법인
지역 전라남도 진도군
알코올 도수 40%
주원료 쌀, 지초
제품설명 진도 지방에서 전래되어오는 증류주로, 뿌리 약재 식물인 지초 때문에 붉은색을 띤다. 강렬하고 독한 술맛에 약재 향이 당차게 스며 있다.

참동이허브잎술

주종 탁주
양조장 운봉주조
지역 전라북도 남원시
알코올 도수 6%
주원료 쌀, 로즈마리, 라벤더
제품설명 청정 지역인 지리산 물과 국내산 쌀에 허브를 첨가, 발효하여 저온 숙성한 술이다. 은은한 허브 향과 부드러운 맛 특징으로, 제조장 고유의 특허받은 기술로 빚었다.

천지주가생막걸리

주종 탁주
양조장 산에들에
지역 전라북도 완주군
알코올 도수 6%
주원료 쌀
제품설명 황토 발효실에서 음악을 들려주며 발효시키는 막걸리로 탄산감이 좋고 부드러우며, 뒷맛이 가볍고 깔끔하여 인상적이다.

추성주

주종 일반 증류주
양조장 추성고을
지역 전라남도 담양군
알코올 도수 25%
주원료 쌀, 오미지, 구기지, 상심자, 갈근, 창출, 우슬, 산약, 육계, 두충, 의이인, 연자육
제품설명 쌀과 누룩에 10가지 약재를 넣어 빚은 약주를 증류한 술로, 약재 향이 은은하게 돌며, 묽은 쌍화탕의 질감이 느껴진다.

해남진양주

주종 약주
양조장 해남진양주
지역 전라남도 해남군
알코올 도수 16%
주원료 찹쌀
제품설명 진양주는 해남에서 직접 재배한 친환경 무농약 찹쌀만을 사용하여 30일간 숙성을 통해 빚는데, 찹쌀의 달콤하고 부드러운 맛이 입 안 가득 느껴지는 술이다.

해창막걸리

주종 탁주
양조장 해창주조장
지역 전라남도 해남군
알코올 도수 6%
주원료 찹쌀, 쌀
제품설명 멥쌀과 찹쌀로 빚은 무감미료 막걸리다. 담백하고 쌉쌀한 맛이 돌고, 찹쌀의 부드러운 맛이 무감미료 막걸리의 담백함과 쌉쌀함을 잘 감싸고 있다.

황진이주

주종 약주
양조장 참본
지역 전라북도 남원시
알코올 도수 13%
주원료 쌀, 오미자, 산수유, 구기자
제품설명 쌀과 지리산 인근 지방에서 나는 오미자와 산수유를 넣어 빚었다. 술맛은 부드러우면서 달달하고 청량감이 느껴진다.

경상·대구·부산·울산

경주교동법주

주종 약주
양조장 교동법주
지역 경상북도 경주시
알코올 도수 16%
주원료 찹쌀
제품설명 찹쌀과 누룩을 넣어 빚은 국가지정 무형문화재 술이다. 모두 수작업으로 이루어지며, 누룩의 깊은 향이 달콤한 찹쌀의 맛과 잘 어우러져 있다.

금정산성막걸리

주종 탁주
양조장 (유)금정산성토산주
지역 부산광역시 금정구
알코올 도수 8%
주원료 쌀
제품설명 산성마을은 누룩으로 생계를 이어왔던 마을로, 막걸리로도 명성을 얻었다. 산성마을 특유의 누룩에서 나오는 새초롬한 신맛과 풍부한 과즙 맛이 인상적인 막걸리다.

김천과하주

주종 약주
양조장 김천과하주
지역 경상북도 김천시
알코올 도수 16%
주원료 찹쌀
제품설명 과하주는 발효 과정에서 약주에 소주를 섞어 보존력을 높인 제품이다. 투명한 황갈색을 띠며, 독특한 향, 약간의 단맛과 신맛을 가진 부드러운 맛의 술이다.

로얄안동소주

주종 증류식 소주
양조장 유토피아
지역 경상북도 안동시
알코올 도수 45%
주원료 쌀
제품설명 로얄안동소주는 10년 이상 장기 숙성시킨 증류주로 쌀 증류주의 부드럽고 은은한 향이 도는데, 높은 도수임에도 입 안에서 느껴지는 맛과 향은 잘 다듬어지고 잘 뭉쳐져 있다.

명인안동소주

주종 증류식 소주
양조장 명인안동소주
지역 경상북도 안동시
알코올 도수 45%
주원료 쌀
제품설명 박재서 명인이 빚는 안동소주는 안동 지방의 좋은 물과 쌀로 빚어 장기간 숙성시킨 쌀 증류주로, 은은한 향이 잘 살아 있으며 맛이 강렬하고 날카롭다.

문경호산춘

주종 약주
양조장 문경호산춘
지역 경상북도 문경시
알코올 도수 18%
주원료 찹쌀
제품설명 호산춘은 문경 장수 황씨 집안에서 전승되어 오던 발효주로, 찹쌀과 솔잎과 밀누룩으로 빚는다. 단맛, 신맛이 잘 어우러져 있고, 오래 발효된 누룩 향이 구수하게 스친다.

민속주안동소주

주종 증류식 소주
양조장 민속주안동소주
지역 경상북도 안동시
알코올 도수 45%
주원료 쌀
제품설명 경상북도 무형문화재로 지정된 안동소주로, 밀누룩을 사용하면서 전통 방식을 유지하고 있는 증류주다. 안동소주 중에서도 누룩의 향이 짙고 강렬한 향과 맛을 지니고 있다.

백년친구쌀막걸리

주종 탁주
양조장 만수주조 영농조합법인
지역 경상북도 영주시
알코올 도수 6%
주원료 쌀
제품설명 소백산 남쪽 청정한 영주에서 빚어지는데, 술맛이 부드럽고 탄산감이 좋으며, 담백하면서도 뒷맛이 깔끔하다.

불로막걸리

주종 탁주
양조장 대구탁주합동
지역 대구광역시 동구
알코올 도수 6%
주원료 쌀, 밀가루
제품설명 자체 배양한 효모를 사용하여 막걸리를 빚는다. 초록 병에 담긴 쌀막걸리는 상쾌하고 가벼운 현대적인 맛을 추구한다.

3004(다래와인스위트)

주종 과실주
양조장 영농조합법인 오름주가
지역 경상남도 사천시
알코올 도수 8%
주원료 참다래
제품설명 참다래를 저온 발효 및 숙성하여 만든 과실주다. 참다래의 달콤함과 과실주 특유의 유기산이 잘 어우러져 감미로운 향과 산뜻한 맛이 돈다.

생탁

주종 탁주
양조장 부산탁주합동
지역 부산광역시 연제구
알코올 도수 6%
주원료 쌀
제품설명 부산에서 가장 많이 팔리는 막걸리다. 쌀을 주원료로 빚어 깔끔하면서도 단맛과 탄산감이 강해 상쾌하고 부드러운 맛을 지니고 있다.

솔송주

주종 약주
양조장 명가원
지역 경상남도 함양군
알코올 도수 13%
주원료 쌀, 송순
제품설명 함양 개평마을 하동 정씨 집안에서 전해오는 전통 약주로, 쌀과 송순을 발효시켜 빚어 솔 향이 은은하면서도 입 안에서 감칠맛이 오래도록 남는다.

안동소주일품40도골드

주종 증류식 소주
양조장 안동소주일품
지역 경상북도 안동시
알코올 도수 40%
주원료 쌀
제품설명 부드러운 쌀소주에 오크통에서 숙성시킨 원주 쌀소주를 블랜딩하여 만든 술이다. 감압 증류와 냉동 여과를 통해 잡냄새를 없애 향이 부드럽고 목넘김이 좋다.

애피소드

주종 기타주류
양조장 (주)한국애플리즈
지역 경상북도 의성군
알코올 도수 3.5%
주원료 사과
제품설명 의성 사과를 착즙·발효하여 만든 술로 국내에서 생산되는 특별한 사이다(Cider, 사과주)이다. 마치 과일 주스를 마시는 듯한 상큼하고 신선한 맛이 특징이다.

영일만친구

주종 탁주
양조장 동해양조장
지역 경상북도 포항시
알코올 도수 6%
주원료 쌀, 우뭇가사리
제품설명 포항공과대학교와 포항테크노파크에서 공동 개발한 막걸리로, 칼로리가 거의 없는 우뭇가사리를 이용해 식이섬유를 강화하고 감칠맛을 좋게 했다.

오미로제

주종 과실주
양조장 제이엘
지역 경상북도 문경시
알코올 도수 12%
주원료 오미자
제품설명 국내산 오미자로 만든 스파클링 와인이다. 오미자의 신맛이 부드럽게 식감을 자극하며, 향이 좋아 전문가들로부터 좋은 평가를 받고 있다.

오미자막걸리

주종 탁주
양조장 문경주조
지역 경상북도 문경시
알코올 도수 6%
주원료 쌀, 오미자
제품설명 좋은 쌀과 좋은 오미자를 원료로 빚은 술로, 발효 과정에서 생성된 천연 탄산의 질감이 좋고 신맛이 안정감 있게 느껴져 음식과 함께 먹기 좋다.

우포의아침

주종 약주
양조장 우포의 아침
지역 경상남도 창녕군
알코올 도수 12%
주원료 쌀, 양파
제품설명 쌀을 주재료로 삼고 창녕에서 많이 수확되는 양파를 부재료로 삼아 만든 약주다. 옅은 과일 향이 돌고, 깔끔하면서도 부드러운 맛이 입 안에 오래 남는다.

울금생막걸리정

주종 탁주
양조장 농업회사법인 (주) 영덕주조
지역 경상북도 영덕군
알코올 도수 6%
주원료 쌀, 울금
제품설명 쌀을 주재료로 하고 울금을 첨가하여 빚은 기능성이 강화된 막걸리다. 울금을 넣어 노란색을 띠며, 탄산감이 좋고 단맛이 도는 부드러운 술이다.

은자골탁배기

주종 탁주
양조장 은척양조장
지역 경상북도 상주시
알코올 도수 5%
주원료 쌀
제품설명 쌀과 밀가루를 주원료로 사용하여 빚는 알코올 도수 5%의 순한 막걸리다. 단맛과 신맛과 쓴맛이 균형을 잘 유지하고 있어 부드러운 음료처럼 느껴진다.

하향주

주종 약주
양조장 하향주가영농조합법인
지역 대구광역시 달성군
알코올 도수 17%
주원료 찹쌀, 인동초, 약쑥, 들국화
제품설명 직접 제조한 누룩으로 100일을 발효하여 깊고 부드러운 맛이 돌며, 은은한 연꽃향과 약재 향이 난다.

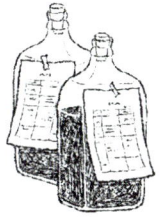

제주

고소리술

주종 증류식 소주
양조장 제주고소리
술익는집
지역 제주특별자치도
서귀포시
알코올 도수 40%
주원료 좁쌀, 보리쌀
제품설명 제주 오메기술을
증류하여 만든 게 고소리술
이다. 맛이 간결하면서 독
하고, 향이 강하다.

오메기술

주종 약주
양조장 제주샘주
지역 제주특별자치도
제주시
알코올 도수 15%
주원료 쌀, 차조, 감초, 조릿대
제품설명 제주샘주의 오메
기술은 쌀을 주재료로 빚어
향이 부드럽고, 좁쌀과 조
릿대를 넣어 연노란색이 돌
며 감칠맛이 난다.

제주막걸리

주종 탁주
양조장 제주합동양조
지역 제주특별자치도
제주시
알코올 도수 6%
주원료 쌀
제품설명 제주도에서 가장
많이 팔리는 막걸리다. 제
주도의 물맛을 가장 잘 살
린 술로, 부드럽게 상쾌하여
서울에서도 인기가 있다.

허벅술

주종 증류식 소주
양조장 한라산소주
지역 제주특별자치도
제주시
알코올 도수 35%
주원료 쌀, 보리
제품설명 제주도에서는 입
구가 작은 항아리에 담긴
술을 허벅술이라 한다. 장
기간 숙성으로 높은 알코올
도수에도 부드럽게 마실 수
있다.

주세법상 우리술의 분류

탁주, 약주, 청주, 과실주, 소주, 일반 증류주, 리큐르, 기타주류 등 총 8가지.

탁주(막걸리) : 곡류를 원료로 발효제(누룩, 입국 등)와 물을 사용하여 빚은 술.

약주 : 곡물 원료에 누룩과 물, 기타 부재료를 첨가하여 발효시킨 후 맑게 여과한 술.

청주 : 곡물 원료 중 쌀에 입국과 물을 첨가하여 발효시킨 후 맑게 여과한 술.

소주 : 곡류에 발효제를 사용하여 술을 만든 후 증류하여 생산한 술.

과실주 : 단일 과실 혹은 과실과 당분, 물을 혼합해 만들어진 술.

일반 증류주 : 증류주 중 소주, 위스키, 브랜디, 리큐르를 제외한 술.

리큐르 : 증류주나 주정에 과일, 약초 등의 성분과 설탕, 포도당, 꿀, 향료, 색소 등을 넣어 만든, 불휘발분이 2도 이상인 술.

기타주류 : 주정을 비롯해 발효주류, 증류주류에 속하지 않는 술.

HOSPITALITY

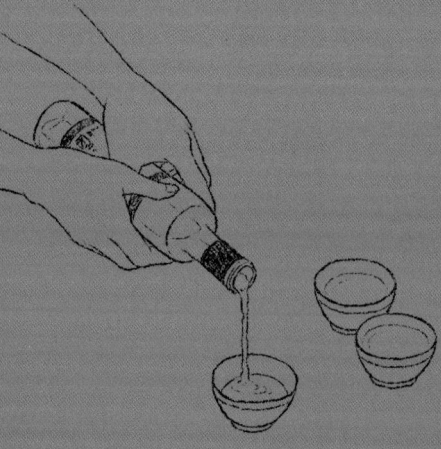

06

운영관리와서비스

술과 주례

　　　　　동서고금을 막론하고 술자리에서의 예절은 무척 중요하게 여겨져왔다. 19세기 유럽의 베스트셀러인 살레르노의 의학서 『양생훈(養生訓)』에는 저녁 식사 시 술을 마실 때에는 취하지 않도록 마시라는 기록이 있고, 공자의 『논어(論語)』 「향당편(鄕黨篇)」을 보면 공자는 소란을 피울 정도로 술을 많이 마시지는 않았다고 전한다. 이처럼 전 세계에서 오래도록 이어온 주례는 '취하지 않을 정도로 마셔야 한다'는 경고에서 시작되었다.

　　술을 어떻게 따르며, 어떻게 마시는가 하는 주법의 차이로 전 세계는 세 가지 문화권으로 나눌 수 있다.

전 세계에서 오래도록 이어온 주례는
'취하지 않을 정도로 마셔야 한다'는
경고에서 시작되었다.

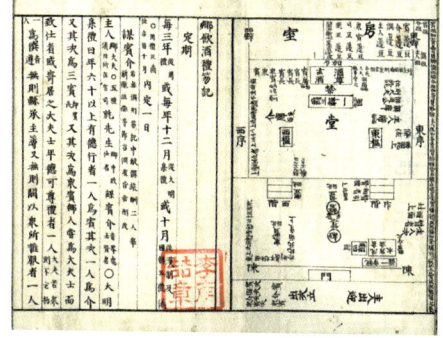

조선시대의 주례가 담긴 『향음주례홀기』

첫째, 자기 술잔에 손수 따라 마시는 독작(獨酌) 문화권으로, 유럽이나 미주 지역을 들 수 있다.

둘째, 서로 술을 따라놓고 건배한 후 마시는 대작(對酌) 문화권으로, 중국과 러시아 권을 들 수 있다.

셋째, 마시는 사람끼리 술잔을 주고받거나 술잔을 돌려 마시는 수작(酬酌) 문화권으로, 우리나라가 여기에 속한다. 우리는 이런 수작 문화의 영향으로 타의에 의한 음주 속도가 높은 편이다.

우리나라에서 전해오는 술과 관련된 예의 중 대표적인 것으로, 조선시대 때 향촌의 선비와 유생들이 향교 또는 서원에 모여 주연(酒宴)을 함께 베풀고 즐기는 '향음주례(鄕飮酒禮)'가 있었다. 향음주례는 고을 관아의 수령이 주인이 되고, 학덕과 연륜이 높은 분들을 큰 손님으로 정하여 모시고 다른 유생들도 함께 손님으로 모시는 자리였다. 그 목적은 주인과 손님 사이의 예절 바른 주연을 통해 연장자를 공경하고, 덕이 있는 분들을 높이며, 예법과 같은 풍속을 일으키는 데 있었다.

향음주례는 크게 13단계로 구분된다.

1단계는 주인이 손님을 미리 청하여 허락을 받는 것이며, 2단계는 손님을 모셔오는 것으로, 당일 아침 예를 거행함을 예고하고 모신다. 3단계는 대문 밖에서 손님을 맞이하며, 4단계는 주인이 손님에게 술을 대접한다. 5단계는 손님이 주인에게 술을 권하고, 6단계는 반대로 주인이 손님에게 술을 권하며, 7단계는 주인이 손님들에게 술을 대접하며 음악을 연주하면서 함께 여러 손님들에게 술을 대접하는 것이다. 8단계는 사회를 세우고, 9단계는 서로 차례로 술을 권하는 것이며, 10단계는 두 사람이 여러 사람에게 술을 권한다. 11단계는 음식을 모두 거두고, 12단계는 연회를 하고, 마지막 13단계는 손님들이 돌아가는 것으로 끝을 맺는다. 이때 손님은 보통 말없이 돌아가는데, 다음날 다시 와서 사례하는 것을 정석으로 여긴다.

예로부터 우리 선조들은 잔을 돌리되 세 번 이상 돌리는 것은 천박하게 여겼으며, 사람과 사람 사이를 가깝게 이어주는 화합과 화혜의 음주 문화를 지니고 있었다. 그러나 최근의 음주 문화를 보면 술 마실 때 크게 격식을 차리지 않는다. 이런 현실 속에서도 우리가 반드시 지켜야 하는 음주 문화가 있다. 바로 '사람'을 생각하는 것이다.

술과 음식의 페어링

술과 음식의 페어링(Pairing)이란 서로 조화롭게 짝을 짓는 행위이다. 경우에 따라 크게 달라질 수 있는 유연성이 있는 작업으로, 정답이 따로 존재하는 것은 아니다.

사람마다 음식 스타일이나 개인적인 선호도가 다양하기 때문에 어떤 사람에게는 완벽하게 받아들여지는 술과 음식의 조화가 어떤 사람에게는 만족스럽지 않게 느껴질 수도 있다. 와인에서는 '마리아주(Mariage, 결혼 또는 약혼)'라는 프랑스 단어를 사용하여 술과 음식을 상호 의존적인 관계로 본다.

술과 음식의 짝 찾기는 인간의 만남처럼 미묘하고 섬세하기 때문에 마리아주의 원리는 경험의 힘을 필요로 한다. 경험을 통해 술과 음식을 적절히 짝지어 맛을 극대화시키고 조화로운 맛

우리술과 안주를 페어링한 주안상

술과 음식의 짝 찾기는 인간의 만남처럼
미묘하고 섬세하기 때문에 마리아주의 원리는
경험의 힘을 필요로 한다.
경험을 통해 술과 음식을 저절로 짝지어 맛을 극대화시키고
조화로운 맛과 풍미를 더해주는 방법을 터득한다면
우리는 술을 더 즐겁게 만끽할 수 있게 된다.

과 풍미를 더해주는 방법을 터득한다면 우리는 술을 더 즐겁게 만끽할 수 있게 된다.

술과 음식의 페어링 원리 ——

술과 음식을 짝짓는다는 것은 맛을 보고, 향이나 질감을 느끼고, 온도를 확인하는 등 모든 것들에 관심을 기울여 어떤 술과 어떤 음식이 잘 어울리는지를 찾아내는 과정이다.

술과 음식은 비슷한 맛을 동일하게 하는 방법 또는 상호 보완의 방법으로 어우러진다. 맛을 동일하게 하는 방법이란 술과 음식이 합해져서 좀 더 강렬한 느낌을 전달하는 것을 말하며, 상호 보완의 방법이란 상반되지만 균형을 이루며 서로 상호작용을 주는 어울림을 의미한다.

기본적으로 술과 음식 중 어떤 것에 더 비중을 둘 것인지를 생각해보고, 술을 중심으로 즐기고 싶다면 아주 단순하고 꾸밈없는 음식과 함께 해도 좋다. 무게감과 풍미의 강도로 본다면 섬세한 맛의 음식에는 섬세한 느낌의 술로, 부드러운 풍미의 음식은 향이 강하지 않은 술로, 충분히 개성 있는 음식은 강한 술과 함께 배치하여 균형 잡힌 맛을 전달하는 것이 좋다. 전반적으로 비슷한 특징을 공유하는 술과 음식이 서로 잘 어울린다.

술과 음식은 비슷한 맛을 동일하게 하는 방법 또는
상호 보완의 방법으로 어우러진다. 맛을 동일하게 하는 방법이란
술과 음식이 합해져서 좀 더 강렬한 느낌을 전달하는 것을 말하며,
상호 보완의 방법이란 상반되지만
균형을 이루며 서로 상호작용을 주는 어울림을 의미한다.

술은 음식과 조화롭게 어우러졌을 때 그 맛과 풍미가 배가된다.

이제 맛 분류에 따른 술과의 조화를 살펴봄으로써 술과 음식을 매칭시키는 원리에 대해 알아보자.

1 **단 음식** : 달콤한 음식은 담백한 술맛을 더 쓰게 한다. 당분은 뒤따르는 것이 어떤 것이든 그 당도를 약화시킨다. 따라서 단 음식은 달콤한 술과 함께 짝지으면 된다.

2 **짠 음식** : 화학적으로 염분은 산을 중화시킨다. 따라서 짭짤한 음식은 산도 높은 술과 짝지으면 날카로움을 무디게 만들며 잘 결합한다.

3 **매운 음식** : 알코올이나 산도가 조금 높거나 강해도 입 안을 예민하게 하고 그 민감도를 바로 자극하기 때문에, 음식의 매운 맛을 상쇄시키기 위해서는 알코올 도수가 낮으면서도 단맛이 강하고 차가운 술과 짝지으면 된다.

4 **신 음식** : 신맛이 강한 음식을 시지 않은 술과 짝지으면 맛이 밋밋해진다. 신맛이 강한 음식은 신맛 도는 술과 짝지어야 한다.

5 **기름진 음식** : 기름진 음식에는 알코올 도수가 높은 술로 텁텁한 입 안을 닦아주는 것이 좋다. 높은 산도의 술로 짝지으면 깔끔한 조화를 이룬다.

술과 한식의 페어링

한식재단에서는 최근 3년간 '대한민국 우리술 품평회' 입상작을 기반으로
우리술 판매 매출 상위 제품 및 지역별 추천 술을 전문가들의 심사를 거
쳐 최종 25선을 선정했다.
해당 술은 셰프 및 한식 전문가, 주예사 등의 평가를 거쳐
선정된 술 25선과 이에 어울리는 한식 메뉴 50선이다.

한식 메뉴와 어울리는 전통주 선정을 위한 전통주와 어울리는 한식 메뉴

분류	지역	전통주	메뉴 1	메뉴 2
막걸리	경기도	미쓰리유자	조기구이	조개탕
	전라북도	자연담은 복분자 막걸리	김부각	가자미식해
	강원도	지장수 호박 막걸리	감자전	고추장불고기 (제육볶음)
약주	전라북도	황진이주	육전	매실장아찌
	전라남도	자희향 국화주	화전	오이선
	경기도	산양산삼가든 별	삼계탕	닭찜
	경상남도	솔송주	전복초	생선간장조림
	경기도	칠선주	도미면	문어숙회
	충청남도	능이주	화양적	두부전골
	충청남도	면천두견주	불고기	해물맑은탕
	경상북도	자두와인	감자부각	사과숙

	충청북도	샤토미소 로제 스위트	탕평채	상큼한 채소 샐러드
과실주	전라북도	복분지음	상어구이	생선찜
	경상북도	오미로제 스파클링 와인	편육냉채	잣즙냉채
	경상남도	매아랑	매실초고추장 생선회무침	언양불고기
기타 주류	경기도	허니비와인	개성약과	다식
	제주도	녹고의 눈물	대구맑은탕	김치찜
소주	경기도	한주	소고기 버섯전골	갈비찜
	경기도	문배술	삼합	너비아니구이
일반 증류주	충청남도	두레앙	갈비찜	흰살생선완자탕
	경기도	감홍로주	황태포 구이	어란
리큐르	경상남도	담솔	불낙 전골	맥적
추가	제주도	고소리술	갈치국	쟁기떡
	강원도	설이소주	곤드레나물	닭갈비
	제주도	오메기술	몸국	돔배고기

출처 : 한식재단

경기 – 감홍로 (일반 증류주)

'맛이 달고 붉은 빛을 띠는 이슬 같은 술'이라는 의미를 지닌 감홍로는 관서 지방에서 생산된 명주로 약재가 많이 들어간 소주다.『별주부전』,『춘향전』에도 등장하는 감홍로는 육당 최남선의 저서 『조선상식문답』에서 3대 명주 중 으뜸으로 꼽았으며, 19세기 유학자 이규경은 "중국에 오향로주가 있다면 우리나라에는 감홍로가 있다"고 표현했다.

감홍로는 찹쌀로 만든 소주에 계피, 용안육, 진피, 방풍, 정향 등을 첨가하여 빚어내는 술로, 약재의 향이 어우러져 부드럽고, 마신 후에도 그 향이 은은하게 퍼진다.

충청 – 능이주 (약주 · 청주)

능이버섯은 옛 선조들이 '일품 능이, 이품 송이, 삼품 표고'라고 칭할 정도로 맛과 향에 있어서 매우 뛰어난 버섯으로 일명 향버섯으로도 불리는데, 갓 채취했을 때는 향이 없다가 마르면서 그 향이 진해지는 특성을 가지고 있다. 능이주는 이렇게 말린 능이버섯을 사용하여 만든 술로, 맑고 깨끗하며 능이버섯 특유의 강한 풍미가 특징이다.

입에 넣었을 때 입 안 가득 능이향이 강하게 퍼지고, 시큼한 듯하지만 목으로 넘길 땐 부드럽고 와인처럼 가벼우면서 달콤한 맛이 난다.

전라 – 자희향 국화주 (약주 · 청주)

우리나라의 가장 대표적인 절기주(節氣酒)이자 가향주(佳香酒)인 국화주는 음력 9월 9일에 마시는 술로 전해 내려오고 있다. 국화주에 대한 기록으로는 고려시대『동국이상국집』,『파한집』을 비롯하여 조선시대『동의

보감』, 『규합총서』, 『조선세시기』 등의 문헌이 있
는데, 특히 세간에서는 "국화주를 하루에 세 번 한
잔씩 따뜻하게 데워 마시면 뼈와 근육이 튼튼해지
고 장수한다"고 전해질 정도로 국화주를 즐겼다.
자희향 국화주는 찹쌀과 국화를 원료로 발효시켜
만든 술로, "스스로(自) 향기를(香) 즐긴다(嬉)"라
는 이름처럼 다른 향을 첨가하지 않아도 황국화 특유의 그윽한 향취가 입
안에 감돈다.

경상 – 오미로제 스파클링 와인 (과실주)

단맛 · 신맛 · 쓴맛 · 짠맛 · 매운맛의 다
섯 가지 맛이 난다는 오미자를 바탕으
로 만든 와인으로, 오미자의 매력적인
붉은색을 유지하고 신맛과 쓴맛을 조화
시키면서 특유의 스파이시한 향을 유지
시키기 위해 수많은 실험과 연구 끝에
탄생했다. 매년 9월 즈음 잘 익은 오미
자를 읍착하여 발효 과정을 거쳐 숙성
시켜 만들어지는 오미로제 스파클링 와인은 정통 샴페인 공법으로 제조
한 세계 최초의 오미자 와인이기도 하다.

향긋한 붉은 과일의 섬세한 버블이 코를 자극하며, 첫맛은 새콤달콤하고
뒤이어 다시 한 번 향긋한 맛이 입 안 전체를 감싸안는다. 목넘김과 함께
모든 갈증은 사라지고 오미자의 향기만이 여운으로 남는다.

강원 – 설이소주 (증류식 소주)

생쌀을 갈아 저온 발효 후 냉각, 여과하여 술을 제조하는 생쌀 발효기법을
바탕으로 개발된 설이소주는 전통주의 다양한 향미 발효기술과 여과기술

을 통해 전통의 맛은 살리되 쓴맛은 최소화한 증류식 소주이다. 특히 동해 앞바다 200m에서 채취한 해양심층수로 만들어 미네랄이 풍부하다.

여타 증류식 소주가 사용하고 있는 지하수나 수돗물이 아닌 해양심층수를 정제수로 이용하여 목넘김이 깔끔하고, 소주 특유의 진한 향 대신 은은한 향이 난다.

제주 – 오메기술 (약주 · 청주)

과거 제주 토착민들이 즐겨 마셨던 전통 토속주로, 제주도에서 생산되는 차조로 빚은 술이다. 차조를 가루 내어 동그랗게 만들어 끓는 물에 삶은 떡을 오메기떡이라 하는데 술을 빚는 데 사용한다고 하여 술떡이라고도 한다. 이 오메기떡을 충분히 으깨어 묽게 만든 뒤 누룩을 넣어 배합하여 7일 정도 숙성시키면 오메기술이 빚어진다. 오메기술은 문헌에서 찾아볼 수 없고, 다른 지방에서도 같은 제조법의 술을 찾아볼 수 없다. 섬이라는 고립된 지역에서 독자적인 특성을 띠며 계승되어온 술로서 제주도 무형문화재로 지정되어 있다.

일체의 감미료가 들어가지 않은 달콤한 맛과 부드러운 향이 특징이며, 약간의 산미가 있어 여름철에 마시면 시원한 맛을 더해준다.

육전

우리의 대표적인 고급 전음식인 육전은 소고기를 저며 양념해두었다가 밀가루와 계란옷을 입혀 지져낸 전류로, 차례상이나 제사상, 잔칫상 등에 빠뜨리지 않고 올리던 음식이다.

육전은 만드는 방법은 간단하지만 들어가는 재료인 소고기와 기름이 모두 귀했기 때문에 매우 귀한 음식으로 인식되었다.

기름지지만 자극적이지 않고 담백한 육전은 은은하면서도 부드러운 약주·청주에 잘 어울린다.

잣즙냉채

견과류의 일종인 잣은 독특한 풍미를 가졌을 뿐 아니라 기운이 없거나 입맛이 없을 때 좋은 식품으로, 특히 비타민B가 풍부하고 철분이 많이 들어 있어 빈혈 예방이나 치료에 좋다. 잣즙냉채는 삶은 닭고기를 가늘게 찢어 놓고 그 국물에 잣을 넣어 곱게 갈아 잣즙을 만들어 닭고기, 오이, 배, 양파 등을 넣고 버무려 먹는다.

잣즙냉채의 산뜻하면서도 고소한 뒷맛은 청량감을 주면서도 그 맛이 상큼한 과실주에 잘 어울린다.

조개탕

우리술 문화는 뜨끈한 국물에 술 한 잔을 곁들이는 것이 오랜 전통으로 이어져왔다. 특히 개운하고 담백한 국물 요리는 함께 마시는 술의 맛을 돋우는 역할을 한다.

이러한 국물 요리 중 하나인 조개탕은 감칠맛이 나고 시원하기 때문에 술 안주로 애용된다.

조개탕의 시원하면서도 담백한 맛은 탁주와 증류주에 모두 잘 어울린다.

술잔과 술병

"왜 술마다 술잔이 다 다를까?"

이 질문에서 시작된 재미있는 실험이 있다. 소믈리에를 대상으로 전통주 유통 회사에서 진행한 관능 평가로, 맥주를 양주잔에, 막걸리를 와인잔과 소주잔에, 와인을 막걸리 잔과 소주잔에, 희석식 소주를 와인잔에 각각 다르게 따라서 마시고 맛을 평가해보는 실험이었다.

실험 결과 막걸리를 소주잔에 마시면 산미가 더 강해지고 밍밍하게 느껴졌으며, 막걸리를 와인잔으로 마시면 향이 더욱 많이 피어오르고, 와인을 소주잔에 마시면 아무런 향도 느껴지지 않는다는 결론이 나왔다. 즉, 술뿐만 아니라 모든 음료는 그것과 가장 잘 어울리는 잔이 있다는 것이다.

와인잔 입구의 넓이가 술이 닿는 혀의 위치를 정하게 되는데, 예컨대 입구가 좁은 잔은 목을 더 꺾게 되어 술이 혀의 뒤쪽에 닿게 된다. 이는 소주잔과 비슷한 원리라고 할 수 있다.

희석식 소주는 입 안에 오래 머금고 음미할 필요가 없는 술이 므로 머무는 시간을 줄이고 빨리 넘어갈 수 있도록 작은 잔으로 마시는 게 어울린다. 한 병으로 나누어 마실 수 있는 소주의 양이 일곱 잔, 즉 홀수가 나오도록 한 것은 둘이 먹든, 서너 명이 먹든 다 같이 건배하기 위해 소주를 더 주문하도록 구성된 설계라는 해석도 흥미롭다.

대부분의 와인잔은 아래 부분이 볼록하여 향을 담는 역할을 하고 입구는 좁게 만들어 그 향을 가두도록 구성되었는데, 이러한 디자인은 1700년대 중반에 처음 등장했다. 특히 샴페인 잔

술을 비울 때마다 달 모양이 바뀌는 술잔. 이름도 달잔이다.

술잔의 깊이와 넓이에 따라 술맛이 달라진다.

다양한 모양의 술잔들. 술뿐만 아니라 모든 음료는
그것과 가장 잘 어울리는 잔이 있다.

 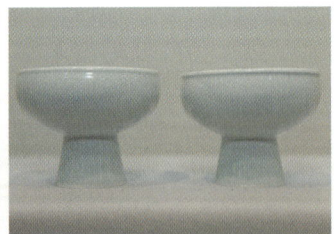

굽이 달린 잔은 건배하기 좋아 술잔으로 쓰기 좋다.

은 좁고 긴 형태를 띠고 있다. 이는 샴페인에는 탄산이 많아 탄산의 증발 속도를 늦추고 오래 유지할 수 있도록 만들어진 것이다.

어떤 종류의 술이든 잔의 크기와 알코올 도수는 밀접한 관계가 있다. 각각의 술마다 한 잔을 마실 경우에 섭취하는 알코올의 양이 비슷하다는 의미이다. 알코올 도수가 6도인 막걸리를 기준으로 한 잔의 양은 보통 150㎖이며, 12.5도인 백세주는 한 잔이 70㎖이다. 둘을 환산하면 대략 한 잔을 마실 때 섭취하는 알코올의 양은 9㎖ 정도로 맞춰져 있다. 참고로 우리나라에서 전해져온 술은 주로 나무잔이나 사기그릇에 마셔왔는데, 그 이유를 과학적으로 접근, 분석하여 현대의 술잔에 접목할 필요가 있다.

전 세계에 존재하는 수많은 술마다 특유의 술병들이 존재한다. 1850년대 이전의 모든 유럽의 술은 나무통에 담겨져서 판매되었는데, 1850년대 초반 스카치위스키 화이트 라벨의 창시자인 존 듀어가 처음으로 병에 담아서 판매했다. 이후 등락을 반복했던 술병 산업은 1960년대가 지나서야 비로소 술병의 중요성을 인식하게 되었고, 1970년대에 본격적으로 많은 기업에서 술병의 디자인과 포장에 신경을 쓰기 시작했다.

우리나라 전통주의 경우, 한때 수출에 힘을 썼던 대부분의 막걸리는 아직도 싸구려 플라스틱 용기에 담겨 판매되고 있어 부가가치를 높이기 어려운 상황이고, 생산 업체들의 영세성으로 고급화가 더딘 실정이다. 반면, 전통 증류식 소주는 값비싼 도자기에 담겨져 판매되고 있어 병 값이 원가에서 차지하는 비율이 높다는 게 문제다. 우리의 술들도 술 종류별로 최적화된 술병과 술잔의 개발이 필요하다.

복순도가의 술병과 잔

제공
방법

현재 우리나라에서 생산되고 있는 다양한 술에 대한 운영 관리나 서비스 매뉴얼은 턱없이 부족한 게 사실이다. 게다가 우리나라에서 생산되는 술에 대한 운영 관리 방법이 소개된 문헌도 거의 없다.

와인의 경우 품질에 영향을 주는 햇볕을 직접적으로 받지 않는 어두운 곳에 보관해야 하며, 어느 정도의 습도가 유지되고 진동이 없는 환경에서 반드시 뉘어서 보관하는 것이 정설로 알려져 있다. 이는 와인 병을 막고 있는 코르크(cork)가 와인에 적셔 있어야만 숨을 쉬어 와인이 잘 숙성되기 때문이다.

우리나라 사람들은 대부분 술을 서양인들보다는 더 차갑게 마시는 경향이 있다. 소주나 맥주는 아주 차가운 상태에서 마시는 것을 즐기며, 심지어 영하 11도로 보관하는 희석식 소주 전용 냉장고가 상품화되기까지 했다. 학계나 산업계에서 좀 더 많은 연구와 투자를 통해 와인 셀러 같은 막걸리나 약주 전용 냉장고를 출시했으면 한다.

술 제공 방법에 관한 기본적인 서비스 내용을 점검해보자.

주예사는 고객에게 적당한 술을 추천하거나, 고객이 직접 선택한 술을 서비스하는 것이 기본이다. 고객에게 술을 제공하는 방법을 간단히 정리해보면 다음과 같다.

첫째, 고객이 주문한 술은 술잔과 함께 쟁반에 올려서 정중하게 제공하는 것을 원칙으로 한다. 술병을 먼저 내려놓고, 술잔을 고객의 앞에 하나씩 놓아두는데, 만약에 잔이 이미 제공되었고 같은 술을 추가로 주문한 경우라면 술병만 들고 가서 제공하면 된다. 하지만 가급적이면 쟁반 위에 올려서 갖고 가거나, 오른손으로는 병의 목 부분 정도를 잡고, 왼손으로는 병의 바닥을 받치듯이 해서 반드시 상표가 정면을 바라보게 한 상태로 얌전히 제공한다.

둘째, 식탁에 올라와 있는 술병의 경우 오른손으로는 병을 잡고 왼손은 손바닥을 위로 하고 병의 바닥 부분을 받쳐 주빈(主賓 : 손님 가운데서 주가 되는 손님)이 술의 상표를 볼 수 있도록 한 후에 간단히 술에 대해 소개한다. 소개할 때에는 원재료, 부

공주 미마지에서 반주로 술을 내놓다.

재료, 생산 지역, 알코올 도수 등을 기본으로 설명하고, 건강에 좋은 부분이나 그 술이 갖고 있는 스토리텔링 등을 재미 삼아 간단히 소개한다.

셋째, 술병을 열고 주빈에게 한 잔 맛보시겠냐고 권유한 이후에 한 잔을 제공하고, 다른 고객에게 술을 따라드려도 되는지 확인 후에 한 분 한 분께 정성껏 따라드린다.

우리나라의 문화를 기반으로 하면 주빈 외의 손님 중 연장자분들에게 먼저 제공하고, 다음은 여성분들에게 제공하고, 그 다음으로 가장 어린 분에게 제공한 후, 마지막으로 주빈에게 제공하는 것으로 끝낸다. 어느 분에게 먼저 제공해야 할지를 모르겠는 경우는 주빈에게 물어보는 것도 좋은 방법이다.

넷째, 술을 다 제공하고 난 이후에는 술병을 식탁에 잘 올려놓은 후 간단한 인사를 하고 술 서비스를 마무리한다. 이후 고객의 술잔이 거의 비워진 것을 확인하면 식탁으로 다가가 술병을 들고 술잔이 비워진 고객부터 조용히 의사를 묻고 따라준다.

술이 다 떨어지면 주빈에게 가서 술이 빈 것을 확인시키고, 추가 주문 의향을 물어 주빈의 의사에 따라 행동한다. 새로 주문한 안주가 있거나 음식 메뉴가 바뀐 경우는 다른 적당한 술을 추천해주는 것도 좋다.

술을 따를 때에는 반드시 두 손으로 따르는 것을 기본으로 한다. 오른손으로 술병을 들고 오른 손바닥은 하늘을 향하지 않게 하되, 왼손은 손바닥을 하늘로 향하게 하고 술병의 바닥 부분을 받치듯이 한다. 술을 따를 때에는 반드시 왼손 팔뚝에 준비하고 있던 흰색 천으로 술병의 입구를 살짝 닦아 술이 테이블 위에 떨어지는 것을 방지한다.

기타 주의 사항은 다음과 같다.

먼저 술병은 반드시 몸통을 오른손으로 감싸듯이 드는 것이 좋다. 병 입구를 손바닥으로 가리듯이 잡거나, 병목을 잡는 것은 별로 우아하지 않은 서비스 자세이다. 또한 술잔을 고객에게 제공할 때에는 반드시 고객의 입이 닿는 부분에는 손이 닿지 않도록 한다. 술잔 역시 잔의 몸통을 쥐고 조용히 고객 앞에 제공하는 것이 좋다. 안주나 식사를 제공할 때에도 반드시 접시의 바닥 부분에 왼 손바닥을 하늘로 향한 상태로 받치고 안전하게 제공한다. 절대로 음식이 담겨져 있는 부분에는 손의 어느 부분이라도 닿지 않도록 한다. 그 외의 기본적인 사항은 상식적인 서비스 매뉴얼대로 진행하면 된다.

복장과 위생 역시 중요한 사항이다.

복장은 양복의 경우 정장을 갖추는 것을 기본으로 한다. 한복을 입을 경우 전통 한복을 개량하고 응용한 복장의 개발이 필요하다.

그 무엇보다 주예사로서 갖추어야 할 자질로 가장 중요한 것은 고객을 대하는 마음이다. 힘들고 다리 아픈 직업이긴 하지

만, 우리나라의 다양하고도 멋진 술들을 고객에게 소개한 후 주
예사가 추천한 술을 마시고 만족해하는 고객의 모습을 보노라
면 이 직업이 무척 보람차게 느껴질 것이다.

　대부분의 사람들은 맛있는 음식을 먹거나 맛있는 음료 혹은
술을 마실 때에는 모두들 환하게 웃는다. 이렇듯 술로써 그들을
웃게 하고 행복하게 만들 수 있는 자질을 갖추고 있다면 최고
의 주예사라 할 수 있다. 음식이나 술에 대한 지식이나 자부심
은 당연히 기본이고, 고객을 대하는 서비스 마인드야말로 주예
사가 갖추어야 할 중요한 자격인 것이다.

서비스 실무

서비스의 사전적 의미는 '생산된 재화를 운반, 배급하거나 생산 및 소비에 필요한 노무를 제공한다'로 되어 있다.

판매 현장에서 낮은 질의 서비스가 제공되는 몇 가지 원인이 있다.

첫째, 외식 산업의 경영자들이 높은 인건비 문제를 해결하고자 제대로 훈련되지 않은 인력을 고용하거나 낮은 급여의 외국인 노동자들을 고용하고 있기 때문이다. 사실 외국의 외식 산업에 종사하는 서비스 제공자들의 급여는 유럽이나 미국 모두 높지는 않지만, 그들의 주 수입원에는 급여를 포함하여 별도로 고객에게 받는 팁(tip)이 큰 몫을 한다. 그렇기 때문에 유럽의 오래된 카페나 레스토랑은 나이가 많고 30년 이상 근무한 홀 직원들도 쉽게 찾아볼 수 있다.

　이를 개선하기 위한 방안은 문화 전체를 바꿔야 하는 문제라 어려울 것이니 다른 방향으로의 대안을 찾아야 한다. 주예사의 입장에서는 전문 교육을 받거나 국내에서 개최되는 전통주 경연 대회에 입상하여 그 전문성을 스스로 높이는 방안이 있다. 고용주 입장에서는 주예사를 활용하는 것이 업장의 전문성을 부각시킬 수 있고, 실제 매출에도 많은 도움이 된다는 사실을 인지하고 실천해야 한다.

　둘째, 제공되는 서비스의 품질에 문제가 있다. 흔히 예전의

한식 주점 '셰막'의 오픈 주방. 캐주얼한 분위기에서 우리술과 한식을 판매한다.

주점을 떠올리면 위생이나 깔끔함과는 거리가 먼 인테리어에 어두컴컴한 조명, 오래된 음악 및 비전문 서비스 제공자들의 성의 없는 서비스 태도 등을 떠올리게 된다. 우리 문화가 자신이 하는 일을 드러내기보다는 감추는 것을 미덕으로 여기는 것도 있지만, 그래도 서비스의 목적이 최선을 다해 최종 목표인 고객 만족을 이끌어내는 것이니 더 이상 고객에 대한 서비스를 숨기면서 할 필요는 없다.

서비스는 마음의 문제이다. 주예사는 고객에게 항상 감사해하고, 고객이 즐겁고 편안한 시간을 보내고 돌아갈 수 있도록 최선을 다해야 한다. 이를 위해서는 마음에서 우러난 서비스를 시행하는 것만이 서비스 문제를 해결할 수 있는 가장 중요한 요소일 것이다.

이를 위해 개선되었으면 하는 서비스 내용이 있다.

먼저 전화 응대 부분이다. 예약을 하거나 위치를 물어보는 고객과의 전화 통화는 고객과 서비스 제공자가 만나는 첫 번째 접점으로, 서비스 경영학에서는 '진실의 순간(Moment of truth)'이라고 하여 가장 중요한 시점으로 여긴다. 전화를 받으면 반드시 "감사합니다"라는 인사와 함께 '업장명'을 먼저 이야기하는 것이 좋다. 우리가 항상 전화 받을 때 하는 말인 "여보세요?"는 좋은 전화 응대 방법이 아니다.

다음으로 업장에 들어오는 고객을 대하는 서비스이다. 이 접점에서는 서비스 제공자의 밝은 미소가 처음으로 눈에 띌 것이기에 안정되고도 밝은 톤으로 반가움을 알리는 목소리, 그리고 빠르게 자리를 안내하는 서비스 등이 필요하다. 고객이 들어오든 말든, 자리에 앉든 말든 상관하지 않는 행동은 지양해야 할 것이다.

메뉴를 가져다주거나 주문을 받을 때에는 항상 공손한 말투와 고객이 편안함을 느낄 수 있는 언어의 사용이 필요하다. 고객은 천천히 메뉴를 고를 자격이 있고, 메뉴에 대해 모르는 것을 꼼꼼히 물어볼 자유도 있으니 빨리 주문하라는 식의 태도는 절대로 해서는 안 된다.

또한 고객이 큰 소리를 내서 서비스 제공자를 찾지 않도록 해야 한다. "여기요!", "이모!"라고 크게 부르는 것은 한편으로는 정겹게 느껴질 수도 있지만, 고객으로부터 이런 소리가 먼저 나오지 않도록 항상 고객에게서 시선을 떼어서는 안 된다. 고객은 무언가가 필요하면 사람을 찾는 시선을 보내게 되어 있기 때문이다.

우리나라에서는 반찬은 대부분 리필이라는 개념을 갖고 있다. 때문에 작은 반찬이라도 고객이 원하면 반드시 리필을 해주어야 한다. 대부분의 외식 업체는 리필은 해주지만 리필을 원하는 고객에 대한 자세가 그리 좋지는 않다. 반드시 "네, 알겠습니다", "곧 가져다드리겠습니다" 등의 말과 함께 밝은 웃음을 보이는 것이 훌륭한 서비스 자세이다.

그리고 "고맙습니다"와 "제가 더 고맙습니다", 또는 "별말씀을요" 같은 언어 사용의 생활화가 필요하다. 우리는 보통 상대방이 "고맙습니다"라고 이야기하면 그냥 "예" 정도의 대답으로 끝내는 경우가 많다. 하지만 서비스 제공자라면 항상 "고맙습니다", "감사합니다"를 매순간 이야기하고, 고객이 고마워하는 경우에는 그에 응대하는 대답은 반드시 하는 것을 생활화하는 것이 좋다.

마지막으로 계산을 하거나 식사를 마친 고객을 배웅할 때 음식은 맛있었는지, 또는 즐거운 시간을 보냈는지에 대한 물음을 미소와 함께 하고, 다음에 꼭 다시 와달라는 인사를 기분 좋은 톤으로 마무리하면 완벽한 서비스의 마침이 될 것이다.

약간은 다른 측면으로 더 첨가해보자면 서비스 스케이프 (servicescape)가 있다. 이는 고객이 서비스를 받는 공간의 위생과 쾌적함 등을 의미하는데, 아무리 서비스 제공자들의 서비스가 완벽하다고 해도 공간의 위생과 쾌적함이야말로 고객이 느끼는 만족의 가장 기본적인 요소라 할 수 있다.

술 산업에서 가장 중요하면서도 기본이 되는 서비스 요소는 또 있다. 술과 음식의 맛 역시 중요한 서비스라는 점은 절대 간과해서는 안 될 것이다.

이제 고객이 서비스 제공자에 대해 지켜야 하는 마음가짐을 알아보자.

"고객은 왕이다"라는 말을 흔히 들었을 것이다. 하지만 이 문장이 모든 고객이 원하는 것은 다 해주어야 한다는 의미는 아니다. 고객은 본인이 받은 서비스만큼의 비용을 지불하는 것일 뿐, 기본적으로 받는 서비스 이외에 추가적인 서비스 역시 무조건 받아야 한다는 마음은 버려야 할 것이다.

역으로 접근해보자. 과연 '왕'이라는 신분으로 외식 업체에서 접시나 잔, 수저가 마음에 든다고 공짜로 달라고 하거나, 계산하지 않을 각오로 서비스 음식이나 서비스 술을 달라고 하거나, 함께 데리고 온 어린 자녀들을 마음껏 풀어놓거나, 되지도 않는 가격 할인을 요구하는 등의 행동을 할까를 생각해보면 이해가 쉬울 것이다.

'고객은 왕이다. 하지만 왕이 왕 같은 행동을 해야 진정한 왕 대접을 받는다'가 정답일 것이다. 이렇듯 고객이 서비스 제공자에게 해야 하는 서비스 역시 무척 중요한 서비스라고 할 수 있겠다.

원가 관리

술의 원가 또는 비용을 적절히 관리하고 통제하는 것은 술 판매 업장 및 주예사의 핵심적 활동이다. 전체 운영 비용 중에서 술 구매 원가와 인건비가 차지하고 있는 높은 비중을 고려할 때, 원가 관리는 술 판매 업장의 이익에 공헌할 수 있는 관리 분야인 것이다. 그러나 단지 이익만 추구하는 원가 관리는 바람직하지 않은 것으로, 품질 저하나 경쟁력 상실이라는 부정적인 결과가 나올 수도 있다.

상품의 원가는 형태에 따라 크게 재료비, 노무비, 경비로 나눌 수 있는데, 이를 원가의 3요소라고 한다. 여기에서는 이 3요소를 설명하고자 한다.

일반적인 음식점에서의 식재료 원가는 30~40% 정도를 유지하고 있다. 하지만 술은 약간 다른 가격 구조를 갖고 있다.

저가의 소주나 맥주의 경우, 이를 판매하는 일반 한식집의 판매가는 대략 구매 원가의 세 배 정도를 유지하고 있다. 간혹 가격 파괴를 통해 박리다매를 실현하는 업장에서는 거의 원가에 가까운 가격으로 판매하기도 하지만, 이는 다른 마케팅 기법으로 보아야 할 것이다.

슈퍼마켓에서 판매하는 소주는 대략 1천 원 초반에 가격이 형성되어 있으나, 일반적인 삼겹살 집에서 파는 소주는 약 3천 원 정도에 거래되고 있다. 이는 1천 원과 3천 원의 거리감이 원가의 300%로 판매한다는 의미보다는, 병당 2천 원을 더 내고 먹는다는 의미로 다가와 소비자들은 큰 거리낌 없이 구매한다.

반면 비교적 고가에 속하는 와인의 경우, 이 와인을 판매하는 업장에서는 와인 한 병의 구매 원가가 10만 원이라고 해서 판매가를 30만 원으로 책정하는 경우는 거의 없다. 이는 소비자 입장에서는 원가의 300%로 판매한다는 의미보다 20만 원의 가격 차이가 있다고 느껴지는 경우가 더욱 많기 때문이다.

이처럼 술을 판매하는 업장에서 술의 판매 가격을 책정하는 방법은 매우 다양하기 때문에 무조건 원가의 300%로 책정하는 것은 좋은 방법이 아니다. 가격대 별로 병당 얼마의 금액을 이

탁주
막걸리

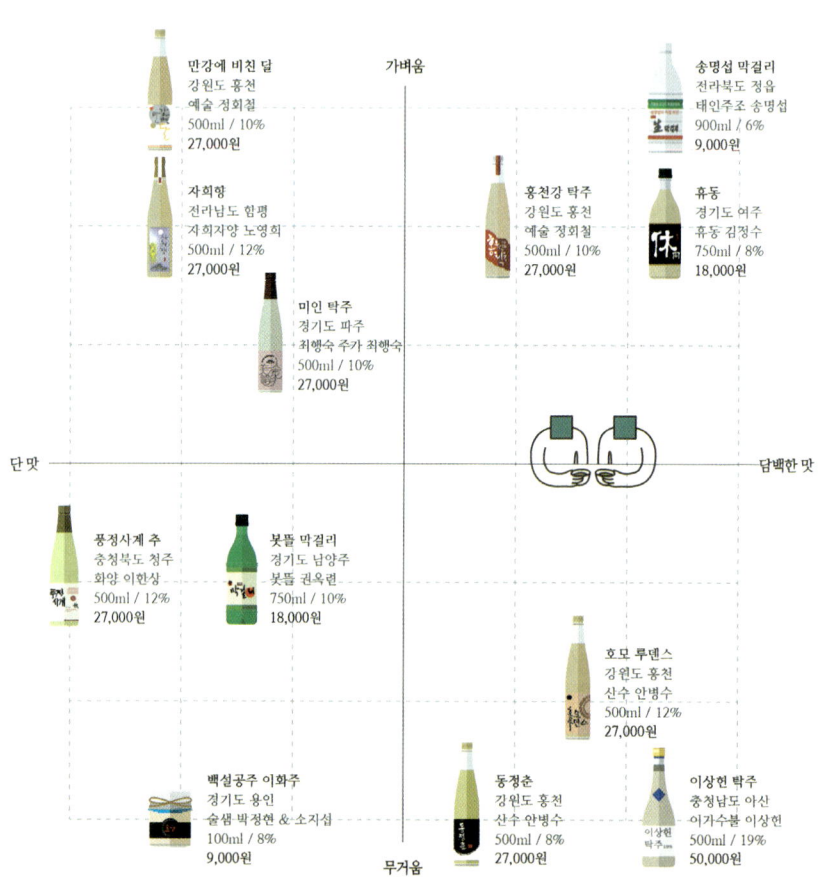

만강에 비친 달
강원도 홍천
예술 정회철
500ml / 10%
27,000원

자희향
전라남도 함평
자희자양 노영희
500ml / 12%
27,000원

미인 탁주
경기도 파주
최행숙 주가 최행숙
500ml / 10%
27,000원

가벼움

홍천강 탁주
강원도 홍천
예술 정회철
500ml / 10%
27,000원

송명섭 막걸리
전라북도 정읍
태인주조 송명섭
900ml / 6%
9,000원

휴동
경기도 여주
휴동 김정수
750ml / 8%
18,000원

단맛

담백한 맛

풍정사계 춘
충청북도 청주
화양 이한상
500ml / 12%
27,000원

붓들 막걸리
경기도 남양주
붓들 권옥련
750ml / 10%
18,000원

호모 루덴스
강원도 홍천
신수 안병수
500ml / 12%
27,000원

백설공주 이화주
경기도 용인
술샘 박정현 & 소지섭
100ml / 8%
9,000원

동정춘
강원도 홍천
산수 안병수
500ml / 8%
27,000원

이상헌 탁주
충청남도 아산
어가수불 이상헌
500ml / 19%
50,000원

무거움

'한국술집 안씨막걸리'의 술 메뉴판

익으로 남기겠다고 정하는 방법도 좋고, 저가의 술과 중가의 술 그리고 고가의 술로 그 범주를 나누어 각각의 이익률을 달리 적용하는 방법도 권할 만하다.

노무비 ———

외식 산업은 인적 산업이라고도 불리는 만큼 인력 관리는 매우 중요한 영역이다. 일반적으로 외식 산업에서의 노무비 비율은 매출액의 16~19% 정도이며, 그 외의 업종에서는 25% 정도를 차지한다.

노무비의 산정에 특별한 원칙이 있는 것은 아니지만, 아무래도 오랜 경력이 있는 매니저급의 직원은 높은 급여를, 일반 정규직의 경우는 중간 정도의 급여를, 그리고 시간제 근로자의 경우는 시간제 급여를 적용하는 것이 일반적이다.

기본적으로 직원 채용 규모와 급여 수준은 대표자가 정하는 경우가 많으나, 업장의 여러 가지 측면을 고려해서 실 근무 시간과 근무일, 예상 객단가(客單價), 예상 고객 수 등의 주변 환경까지 고려하여 정리하면 월 예상 매출이 산출된다. 이때 월 예상 매출의 20% 정도를 노무비로 책정하고 지급 가능한 월 노무비 전체를 확인하면, 이를 토대로 몇 명의 직원을 고용하는 것이 가장 효율적인지 확인할 수 있다.

경비란 상품의 판매를 위해 소비되는 원가 중에서 재료비와 노무비를 제외한 모든 비용을 의미한다. 경비의 구성 요소로는 임대료, 조세 공과금, 감가상각비, 수도 및 광열비, 가스비, 통신비, 식기 구입비, 판매 촉진비 등이 있다.

이 중에서 임대료는 고정비로, 지불 가능 한도액은 매출의 10% 이하가 적당하지만, 현재 우리나라의 시장 상황은 너무 높은 임대료의 비율로 인해 외식 업체들이 수익을 내기가 쉽지 않다. 여기에 경비의 하나인 소모품비는 업태에 따라 조금씩 다르지만 일반적으로 5~6% 정도로 책정하는 것이 가장 바람직하다.

결과적으로 원가 관리는 재료비 30%＋노무비 20%＋경비 20%(임대료 10%＋소모품비 5%＋기타 경비 5%)＝70% 정도를 원가로 보고 나머지 30%를 이익으로 산정하는 것이 일반적이다.

외식 산업에서의 매장 관리는 크게 생산 및 운영 관리에 포함된다. 세부적으로 매장 관리라 하면 접객 서비스 관리, 주방 관리, 위생과 안전 관리, 식재료 관리, 원가 관리 측면으로 구분할 수 있다. 이 중 식재료 관리 및 원가 관리는 앞에서 말했으니, 여기서는 접객 서비스 관리, 주방 관리, 위생과 안전 관리에 대해서만 정리하고자 한다.

접객 서비스 관리 ────

접객 서비스 관리에서 서비스는 술 판매 업체에 있어 가장 중

찾아가는 양조장 '대강양조장' 인테리어. 조명과 인테리어는 술맛에 큰 영향을 준다.

요한 요소라고 할 수 있다. 서비스의 중요성을 인식하고 이에
대한 철저한 지도 및 지속적인 교육이 필요한 관리라고 할 수
있다. 접객 서비스 관리는 영업 준비 관리, 접객 서비스 관리,
주문과 권유 판매, 불평 및 불만 관리, 그리고 영업 후 관리로
나뉜다.

영업 준비 관리는 서비스를 위해 사용되는 기물, 장비, 비품,
소모품 등을 점검하고 확인하여 제 위치에 비치하는 것과 청소
환경 및 시설물 등의 정비부터 테이블 세팅까지를 포함한다.

접객 서비스 관리는 인력 배치와 고객 응대의 측면을 의미하
며, 특히 고객 응대에서의 접객 서비스 관리 항목은 고객 맞기,
예약 확인, 대기, 테이블 안내, 착석, 메뉴판 전달, 주문 받기, 주

문서 작성, 주문 전달 방법, 음식 서빙 방법, 식사 중 서비스, 식기 치우기와 디저트 제공, 배웅, 계산 방법, 전체적 점검 등 다양한 부분으로 정리된다.

주문과 권유 판매는 매출과 직접적으로 연결되는 가장 중요한 접객 서비스 관리이다. 서비스 직원은 술 제공 업장에서 판매하는 모든 제품을 정확하게 인지한 상태에서 세련된 판매 기법으로 효과적이고 적극적으로 판매할 수 있어야 한다. 이때 상품이 아닌 부가적인 서비스를 함께 판매하는 것이며, 가치를 판매하고 분위기도 함께 파는 것이라는 인식이 반드시 필요하다.

특히 권유 판매(Suggestive selling)는 처음 고객이 원했던 식음료 이외에 추가로 판매하는 것으로, 자칫하면 고객에게 안 좋은 인상을 심어줄 수 있으니 합리적인 가격대와 고객의 기분을 상하게 하지 않는 선에서 이루어져야 한다.

불평 및 불만 관리는 언제든지 벌어질 수 있는 실수에 대한

영업 준비를 마친 '느린마을 양조장 & 펍'의 실내 모습

대책이다. 서비스 실패는 서비스 경영학에서 가장 많이 다루어
지는 연구 영역이기도 하지만, 서비스 실패와 반드시 연결되는
서비스 회복이 어떻게, 얼마나 빠른 시간 안에 이루어지는지에
따라 오히려 더욱 좋은 효과를 얻게 될 수도 있다.

마지막 영업 후 관리는 다음 날의 영업 준비 업무와 이어지는
마무리 단계로, 반드시 모든 것이 원위치되는 상황으로, 항상
처음과 똑같은 모습으로 마무리하는 것이 중요하다.

주방 관리 ——

주방 관리는 조리 기기와 장비, 식재료를 사용하여 단순한 음
식을 만드는 곳의 관리가 아닌, 업장의 심장과도 같은 작업 공
간을 관리한다는 사실을 명심해야 한다. 그렇기 때문에 외식 업
장 경영에서 주방에서 사용되는 비용은 무척 높은 비율을 차지
하고 있다.

주방 관리의 궁극적인 목적은 생산성 극대화에 있으며, 아울
러 적정한 식사를 제공하여 고객의 건강 증진을 도모하고, 만
족스러운 식사를 통한 매출 증대를 이루어내는 것이라고 할 수
있다.

주방의 형태는 식재료의 반입에서 시작하여 저장, 조리, 음식
서비스, 식기 세척 등 일련의 조리 작업의 흐름이 효율적으로

처리될 수 있도록 설계되어야 한다. 특히 업무 시간 내내 서서 일할 수밖에 없는 조리사들의 움직임을 많은 시뮬레이션을 거쳐 테스트하고 계획하여 주방 내부를 구성해야만 조리사들의 업무 효율을 높일 수 있다.

기기와 기물 관리는 특히 위생과 직결되는 중요한 문제다. 이는 칼과 불이 난무하는 주방에서 가장 신경 써야 하는 안전과도 연결된다. 평소 조리 도구의 충분한 숙지와 가스 밸브나 전원 등의 관리, 전기를 쓰는 조리 도구와 물과의 접촉 관리 등에 만전을 기해야 할 것이다.

위생과 안전 관리 ──

위생과 안전 관리는 이를 소홀히 하면 식중독(Food poisoning)이 발생할 수 있으니 특히 신경 써야 한다. 식중독은 많은 환자가 동시에 발생할 수도 있고, 업체의 존폐까지도 위협할 수 있는 존재임을 잊지 말아야 한다. 위생 관리를 제대로 하지 못할 경우에는 사회적인 책임, 경제적인 책임, 법적 처벌 및 음식점의 신뢰감까지 잃을 수 있기 때문에 다음의 3대 요소에 대한 철저한 관리가 필요하다.

첫째, 음식물에 대한 관리다. 음식물은 선입 선출(First-in First-out)의 원칙을 철저히 지켜야 하며, 조금이라도 유통 기한이나 보존 기한이 지난 식재료는 과감히 폐기 처분해야 한다. 우리가 흔히 믿고 있는 냉동고는 결코 재료를 영원히 보관할 수 있는 장소가 아니라는 것 역시 명심해야 한다.

둘째, 직원에 대한 관리다. 서비스 직원이나 조리사들의 손이나 땀, 호흡 등의 전염 요소를 완전히 차단해야 한다. 특히 조리사는 유니폼 관리, 위생모 관리, 손을 자주 씻는 등의 필수적인 위생 요소에 절대 소홀해서는 안 된다. 서비스 직원 역시 같은 수준의 위생 관리가 필수적이다. 항상 위생적인 상태에 있도록 관리를 철저히 해야 한다.

셋째, 기물과 도구에 대한 관리다. 주방에서의 조리 업무는 각종 사고를 유발할 수 있는 요인이 항상 잠재되어 있다. 따라서 조리사들은 철저한 안전 수칙을 교육하고, 지켜야 하며, 생활화해야 한다.

전기나 불을 사용하는 기기뿐만 아니라 단순한 식칼 등도 커다란 산업 재해를 일으킬 수 있는 위험이 크다. 예를 들어 식칼이 조리대에서 떨어지려고 할 때 대부분은 순간적으로 그 칼을 손으로 잡으려 한다. 하지만 절대로 손으로 잡으면 안 된다. 이같은 경우를 대비해 양 발을 동시에, 그리고 빠르게 점프를 하며 한 발 뒤로 물러서는 연습을 하는 등의 철저한 안전 관리가 필요하다.

우리 고유의 술들이 잘 알려지고 널리 판매되려면 먼저 몇 가지 문제가 해결되어야 한다.

첫째, 현재 대형마트에서조차 국내 양조장들의 다양한 술을 만나기가 쉽지 않은 실정이다. 대형마트나 편의점이 전국 체인망을 구축하면서 술도 전국 각 지점에 동시에 공급할 수 있는 물량이 가능해야만 입점할 수 있게 된 것이다. 하지만 대부분 소규모 경영을 하다 보니 지역 막걸리 양조장이나 전통주 제조장들은 이러한 유통의 전제 조건을 맞추지 못하고 있다.

둘째, 술을 대하는 소비자들의 인식에도 문제가 있다. 많은 연구에 따르면, 술을 마시는 가장 첫 번째 동기는 '취하기 위해서'이다. 술을 즐긴다는 차원보다는 취하기 위한 도구로서의 목적이 더욱 강하다 보면 술의 질이나 맛은 크게 중요하지 않게 된다. 이 때문에 아직까지 다양한 술을 찾아다니면서 즐기는 애호가들의 수가 그리 많지 않다고 볼 수 있다.

셋째, 폭탄주 문화를 들 수 있다. 이른바 폭탄주는 시중에서 판매하는 소주와 맥주를 음주 공간에서 고객이 직접 섞어서 단번에 마시는 것을 목적으로 만들어지는 술이다. 이 폭탄주가 만들어지고 널리 퍼진 가장 중요한 이유 역시 빨리 취하기 위함이다. 소주를 그냥 마시는 것은 알코올 도수가 강해 힘들고, 맥주는 뭔가 심심하기 때문에 이를 적당히 섞어 마시면 취기도 적당하고 맛도 좋기 때문이라고 한다.

폭탄주는 기본적으로 심오하게 맛을 즐기는 술은 아니다. 이 폭탄주라는 게 선택할 수 있는 술이 다양하지 않기 때문에 생겨난 것이기도 하지만, 폭탄주 문화 자체가 술의 다양성을 해치는 요인이기도 하다.

다행인 것은 최근에 판매 유통 분야에서 새로운 변화가 감지되고 있다는 점이다. 다양한 우리의 술을 한자리에 모아놓고 시음하거나 판매하는 전문 업체와 공간이 많이 생겨나고 있는 것이다. 지금처럼 대형마트에 의존하기 힘든 상황에서는 전문 주점이나 술 판매 전문 공간의 활성화가 필요하며, 이에 대한 홍보 및 마케팅이 이루어져서 일반 고객들이 술을 찾는 데 어려움이 없어야 한다.

이렇듯 좋은 술을 즐기는 사람들이 점점 더 늘어나고 사람들

신평양조장 양조문화원 안에 있는 전시 판매대

술에 대한 판매 홍보 기술은 다양하게 존재한다.
술에 관련된 역사와 이야깃거리들을 담아내어 이를 활용하여 홍보하고,
소비자들의 취향을 명확히 분석하여 고객을 세분화하며,
목표 고객을 설정하고 그에 맞는 제품의 개념을 정립하여
고객에게 맞는 제품을 생산하는 것이
판매 홍보 기술의 시작이다.

의 입소문과 판매 업체들의 다양한 노력으로 기존의 술에 대한 인식이 바뀌어야만 변화가 일어날 수 있는 가능성이 생긴다. 일례로 최근에는 한식의 식재료와 조리법을 기반으로 서양의 서비스 형식을 도입한 레스토랑이 생겨나면서 음식마다 각기 다른 술을 선보이는 사례가 늘어나고 있다.

술에 대한 판매 홍보 기술은 다양하게 존재한다. 술에 관련된 역사와 이야깃거리들을 담아내어 이를 활용하여 홍보하고, 소비자들의 취향을 명확히 분석하여 고객을 세분화하며, 목표 고객을 설정하고 그에 맞는 제품의 개념을 정립하여 고객에게 맞는 제품을 생산하는 것이 판매 홍보 기술의 시작이다.

하지만 더욱 중요한 것은 대중들이 이런 과정을 거쳐 생산되는 술에 대한 기존의 이미지를 바꾸고, 그 이야기와 문화를 받아들이고 이해하고 즐기게 되어야만 지역을 기반으로 한 명주가 탄생할 것이며, 베스트셀러도 등장하게 된다는 것이다.

술과 음식의 페어링

맛을 보고 향이나 질감을 느끼며, 모든 것들에 관심을 기울여 술과 어떤 음식이 잘 어울리는지를 찾아내는 과정.

주예사의 자세

고객에게 적당한 술 추천, 고객이 선택한 술을 서비스해주는 것이 기본.
술에 대한 지식을 비롯해 위생과 복장을 정중히 갖출 것.
※무엇보다 고객을 대하는 서비스 마인드가 가장 중요하다.

술의 원가나 비용 관리

술 구매 원가와 인건비가 전체 운영 비용에서 차지하는 비중이 높음.
※따라서 원가 관리는 술 판매 업장 이익에 공헌할 수 있는 관리 분야이다.

원가의 3요소

① 재료비 ② 노무비 ③ 경비

외식 산업에서의 매장 관리

접객 서비스 관리, 주방 관리, 위생과 안전 관리, 식재료 관리, 원가 관리

LAW

술은 성인 남녀가 음용하는 기호음료로, 소비량이 많고 조세 저항이 적어 국가 재정 수입 확보를 위한 주요 세원 역할을 하고 있다. 술은 다른 과세 물품에 비해 고세율일 뿐만 아니라 음용하는 액체로서 범칙 행위가 쉽고, 양곡 정책 및 보건 위생적 목적 등 조세 외적인 요소도 있어 엄격하게 관리하는 과세 품목이다.

정부에서는 면허 제도, 주류의 규격, 시설 기준, 원료 지정, 면허 취소 및 정지 처분, 주류업 단체, 주류 제조 관리사 제도 외에도 검사 단속 및 명령과 지정에 의한 관리를 하고 있다. 여기에는 건전한 음주 문화 환경을 조성하는 것은 물론 술의 품질 향상과 국민 보건, 국가 정책과의 조화 등 술 산업 건전 육성이라는 정책적 측면도 중요한 의미가 있다.

현재의 '주세법'은 대한민국 정부가 출범한 이듬해인 1949년 10월 21일, 법률 제60호로 공포 시행된 이후 지속적인 개정을 거쳐오고 있다. 주세법 제3조 제1항에 따르면, 주류는 주정과 알코올 1% 이상의 음용할 수 있는 물료를 뜻하는 말로, 주정과 발효주류(탁주, 약주, 청주, 맥주, 과실주), 증류주류(소주, 위스키, 브랜디, 일반 증류주, 리큐르), 기타주류 등 총 네 개의 종류로 나뉜다. 이 중 우리술의 종류는 탁주, 약주, 청주, 과실주, 소주(증류식 소주), 일반 증류주, 리큐르, 기타주류 등 총 8가지다.

국세청으로부터 검정받은 소주 항아리

이때 술의 제조에 사용되는 원료의 사용량 및 주류에 첨가할 수 있는 재료의 종류 및 비율, 알코올분 및 불휘발성분의 함량, 나무통에 넣어 저장하는 기간, 여과 방법, 그 밖의 주류를 구분하는 기준은 법으로 규격화되어 있다. 이는 주류별 전통성 보존과 더불어 국민 보건과 주질 향상을 목적으로 한다.

술의 제조와 판매 등은 주세법이 제정된 이래 줄곧 국세청에서 담당해왔다. 그러나 근래에 들어 주류 시장 상황과 여건이 변화함에 따라 2010년 6월, 국세청은 세원과 면허 관리에 주력하고 식품의약품안전처는 주류 안전 관리를 전담한다는 내용의 업무 협약이 체결되었다.

세부 내용을 살펴보면 국세청에서는 주류 제조 방법, 알코올 도수, 원료의 사용량 및 여과 방법, 표시 사항 등 주세법에서 정한 세원 및 면허 관리와 그에 따른 분석 업무를 담당하고, 식품의약품안전처의 경우 '식품위생법'이나 '위생 관계 법령'에 따른 주류의 위생 및 주류 함유 물질의 유해성 여부, 이물질 혼입, 첨가 물료 위반, 양조용수 등을 전담한다. 이에 따라 주예사는 주세법과 더불어 식품위생법도 숙지하고 있어야 한다.

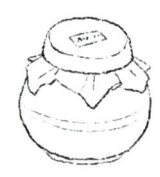

현재 우리나라에서 술에 부과되는 세금은 주세와 교육세, 부가가치세가 있다. 각각 저마다의 과세표준에 의해 세율이 결정된다.

주세 ──

주세법상 분류되는 주류의 종류 중 주정을 제외하고는 국내에서 생산, 유통되는 모든 주류는 출고 가격에 일정 세율을 적용하는 종가세(從價稅) 제도를 채택하고 있다. 종가세란 물품의 가격에 따라 세율을 정하는 조세를 말한다.

판매장 안 냉장고의 다양한 술병들

저렴한 술에는 낮은 세율을 적용하고, 고가의 술에는 높은 세금이 부가된다. 즉, 출고 가격이 높을수록 더 많은 세금을 내는 것이다. 이때 과세표준은 제조 원가에 통상 이윤에 상당하는 금액이 포함된 주류의 출고 가격에 의해 결정된다.

출고 가격이 산출된 술은 주세법 제22조(세율)에 따라 세금이 정해지는데, 각 주종별 세율은 다음과 같다.

탁주가 5%로 제일 낮고, 약주와 청주, 과실주는 30%가 적용되며, 증류식 소주와 일반 증류주, 리큐르는 제일 높은 세율인 72%가 부과된다. 기타주류는 10~72% 차등 적용된다.

감면되는 경우도 존재한다. 전통주로서 대통령령이 정하는 출고 수량 이하일 때(발효주류는 500kℓ 이하, 증류주류는 250kℓ 이하), 발효주류는 200kℓ, 증류주는 100kℓ까지 주세율을 50% 감면받을 수 있다.

교육세 ———

주류에는 주세 외에 교육세가 부가된다. 교육세 제5조(과세표준과 세율)에 의해 교육세는 주세율이 70% 초과인 주류는 주세의 30%를, 주세율이 70% 이하인 주류에는 주세의 10%를 부과하고 있다. 단, 탁주와 약주는 교육세가 부과되지 않는다. 증류식 소주와 일반 증류주, 리큐르는 30%의 교육세가 부가되고, 청주와 과실주는 10%의 교육세가 부가되는 셈이다. 기타주류의 경우는 세부적으로 나누어지는 각각의 주세율에 따라 10% 혹은 30%의 교육세가 부가된다.

부가가치세 ———

부가가치세는 국세(國稅)의 하나로, 거래 단계별로 상품이나 용역에 새로 부가하는 조세다. 즉, 이익에 대해서만 부과하는 일반 소비세로 1977년부터 실시했다. 출고 가격에 주세와 교육세가 포함된 최종 판매 가격의 10%가 부과된다.

주류의 종류별 주세율

- 과세표준은 제조 원가에 통상 이윤 상당액을 포함한 금액이다.
- 특산주일 경우 생산량이 적은 업체에 한하여 발효주류는 200㎘, 증류주는 100㎘까지는 주세율을 50% 감면한다.

주류의 종류		주세율
발효주류	탁주	과세표준의 5%
	약주, 청주, 과실주	과세표준의 30%
증류주류	증류식 소주, 일반 증류주, 리큐르	과세표준의 72%
기타주류	기타주류	과세표준의 10~72%

교육세

- 주세율이 70% 초과인 주류 : 주세의 30%
- 주세율이 70% 이하인 주류 : 주세의 10%
- 탁주, 약주 : 0%

부가세

- 부가세는 주류의 출고 원가와 주세, 교육세가 포함된 금액의 10%가 부가된다.

납부

주세는 국가의 조세 수입이므로 납세의무자가 법규에 따라 신고 납부해야 한다. 납세의무자는 주류를 제조장으로부터 출고하는 제조자를 의미한다.

주류 제조자는 매 분기 주류 제조장에서 출고한 주류의 종류, 알코올분, 수량, 가격, 세율, 산출세액, 공제세액, 환급세액, 납부세액 등을 적은 신고서를 출고한 날이 속하는 분기의 다음 달

25일까지 관할 세무서장에게 제출해야 한다. 그리고 주류의 수량 또는 가격에 세율을 곱하여 산출한 세액을 관할 세무서장에게 납부해야 한다.

주세 납부는 2013년 주세법이 개정되어 매월 신고 납부하는 것에서 매 분기 신고 납부하는 것으로 바뀌었다. 출고 가격 신고와 주세 및 부가가치세 납부는 가능한 전문 세무사에게 의뢰하는 것이 좋다. 유념해둘 것은, 주세 납세의무자는 술을 만드는 제조자이지만 이는 술의 최종 판매가에 모두 포함된 비용으로 실질적인 납세자가 최종 소비자여서 간접세인 동시에, 최종 소비 이전 출고 단계에서 과세하는 간접소비세에 해당한다는 점이다.

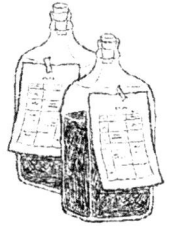

술의 제조와 면허 ────

　술을 제조하고 판매하려면 국가로부터 면허를 받아야 한다. 양조장의 경우, 술의 종류별로 제조장마다 시설 기준과 기타 요건을 갖추어 관할 세무서장의 면허를 받아야 한다. 이때 신청인의 인적 사항, 제조장의 위치, 제조할 주류의 종류 및 규격, 제조 방법, 매 주조년도의 제조 예정 수량 등을 적어 관할 세무서장에게 제출한다. 이때 양조장 설비에 있어 법률이 정해놓은(주세법 시행령 제5조 주류 제조 시설의 기준, 시행 2016년 3월 31일) 각 주종별 시설 기준에 맞춰야 한다.

　그리고 면허를 받은 제조장이라도 제조하려는 술을 추가하는 경우에는 동일 형식으로 그 술에 대한 면허를 받고 술을 만들어야 한다. 또한 면허의 효력은 면허인에게만 유효하며, 면허 받은 장소에서만 가능하다.

면허인이 면허받은 주류를 다른 제조장에서 만드는 것도 허용되지 않는다. 주류 제조 면허 역시 제조장마다 면허를 받아야 하는 것이다. 이를 어길 시에는 무면허 주류 제조범으로 처벌받게 되며, 면허받은 종목까지도 면허가 취소된다. 단, '주세법' 제6조 제6항에 의해 국가 및 지방자치단체가 시험 목적으로 주류를 제조하는 경우와 국공립 연구 기관 및 '고등교육법' 제2조에 따른 학교가 학술 연구 목적으로 주류를 제조하는 경우에만 주류 제조 면허를 받지 않고 주류를 제조할 수 있다.

면허를 받은 후에는 승인된 제조 방법에 따라 술을 만들어야 하고, 출고 전 국세청 주류면허지원센터에서 주질 감정을 받은 뒤 규격 적합 판정을 받은 후에만 출고할 수 있다.

술의 유통과 판매 ────

술을 팔고자 하는 사람은 주류 판매업 종류별로 판매장마다 시설 기준과 기타 요건을 갖추어 관할 세무서장의 면허를 받아야 한다. 판매 중개업 또는 접객업을 포함하며, 면허 종류에는 종합주류도매업, 특정주류도매업, 주정도매업, 주류수출입업,

[참고] 주류 제조 면허 신청서

■ 주세법 시행 규칙 [별지 제1호 서식] 〈개정 2011.4.1〉　　　　홈택스(www.hometax.go.kr)에서도
　　　　　　　　　　　　　　　　　　　　　　　　　　　　　　신청할 수 있습니다.

주류 제조 면허 신청서

※ 뒤쪽의 작성 방법을 읽고 작성하여주시기 바라며, [　]에는 해당되는 곳에 √표를 합니다.　　　　　　　(앞쪽)

접수 번호	접수일	발급일	처리 기간　45일

❶ 신청인	성 명(대표자)		주민(법인)등록번호	
	상 호(법인명)		사업자등록번호	
	주 소(본점 소재지)		전화번호	
	제조장 소재지		전화번호(전자우편)	

❷ 신청 내용			
신청 구분	① 주 류	② 밑 술	③ 술 덧
제조할 주류의 종류와 규격			
제조 방법			
매 주조년도 제조 예정 수량			
시험 제조 ── 사 유			
기 간			
수 량			
밑술 · 술덧 제조 목적			
영업 개시 연월일			
④ 종전 면허 연월일		⑤ 종전 면허 번호	

「주세법」 [ ] 제6조 　와 같은 법 시행령 [ ] 제4조 　에 따라 위와 같이 신청합니다.
　　　　　[ ] 제7조 　　　　　　　　　　　 [ ] 제8조

　　　　　　　　　　　　　　　　　　　　　　　　　　　　　　년　월　일
　　　　　　　　　　　　　　　　　　　　신청인　　　　　(서명 또는 인)
세 무 서 장 귀하

첨부 서류	1. 사업계획서 2. 제조 시설·설비 등 설명서 및 용량표 3. 제조 공정도 및 제조 방법 설명서 4. 임대차계약서 사본(제조장을 임차하는 경우만 해당합니다) 5. 정관, 주주총회 또는 이사회 회의록, 주주 및 임원 명부(법인만 해당합니다) 6. 동업계약서 사본(공동사업만 해당합니다) 7. 문화재청장 또는 농림축산식품부 장관의 추천서 사본(『주세법 시행령』 제9조 　제2항 제2호 나목부터 라목까지의 규정에 따른 주류를 제조하는 경우만 　해당합니다) 8. 『식품위생법』에 따른 허가증 사본(『주세법 시행령』 별표 3 제4호에 따른 소규모 　맥주 제조자인 경우만 해당합니다)	수수료 50,000원

210mm×297mm[일반용지 60g/㎡(재활용품)]

256

[참고] 주세법 시행령 제9조(주류판매업의 면허)

① 법 제8조 제1항에 따라 주류판매업의 면허를 받으려는 자는 별표 5의 요건을 갖추어야 한다. 〈개정 2010.2.18.〉

② 법 제8조 제2항에 따른 주류판매업의 종류는 다음 각 호와 같다. 〈개정 2003.12.30., 2005.2.19., 2008.12.31., 2010.2.18., 2010.6.15., 2010.12.30., 2013.2.15., 2013.3.23., 2013.6.11., 2016.2.5.〉

  1. 종합주류도매업

  주류 제조자 또는 외국산 주류를 직접 수입한 자로부터 주류(주정을 제외한다)를 구입하여 도매하는 것

  2. 특정주류도매업

  다음 각 목의 어느 하나에 해당하는 주류를 주류 제조자로부터 구입하여 도매하는 것

  　　가. 발효주류 중 탁주·약주 및 청주

  　　나. 전통주

  　　다. 소규모 주류 제조자가 제조한 맥주

  　　라. 삭제 〈2013.6.11.〉

  3. 주정도매업

  4. 주류수출입업

  주류를 수출하거나 수입하는 것

  5. 주류중개업

  주류의 수출입을 중개하거나 국내에서 주류의 매매를 중개하는 것

  6. 주류소매업

  7. 주정소매업

③ 주류판매업의 면허를 받고자 하는 자는 주류판매업의 종류별로 다음 각 호의 사항을 기재한 신청서에 기획재정부령으로 정하는 서류를 첨부하여 판매장 관할 세무서장에게 제출(국세정보통신망에 의한 제출을 포함한다)하여야 한다. 〈개정 2004.3.17., 2010.12.30.〉

  1. 신청인의 인적 사항

  2. 판매장의 위치

  3. 창고 면적(별표 5 제1호·제2호 및 제4호 중 수입하는 경우에 한한다)

  4. 판매할 주류의 종류

  5. 주류의 판매 방법

④ 주류의 판매장을 가지지 아니하고 판매를 하고자 하는 자는 그 사유를 기재한 제3항의 신청서에 기획재정부령으로 정하는 서류를 첨부하여 주소지 또는 거소지의 관할 세무서장에게 제출하여야 한다. 이 경우 제3항 제2호의 사항은 기재하지 아니한다. 〈개정 2010.2.18., 2010.12.30.〉

⑤ 관할 세무서장은 주류판매업의 면허를 받은 판매장의 시설이 제1항에 따른 기준에 미달하게 되는 때에는 보완할 사항 및 기간을 정하여 시설을 구비할 것을 명하여야 한다. 〈개정 2010.2.18.〉

주류소매업, 주정소매업이 있다.

종합주류도매업은 주류 제조자 또는 외국산 주류를 직접 수입한 자로부터 주류(주정을 제외한다)를 구입하여 도매하는 것이고, 특정주류도매업은 ① 발효주류 중 탁주·약주 및 청주, ② 전통주, ③ 소규모 주류 제조자가 제조한 주류를 주류 제조자로부터 구입하여 도매하는 것이다. 주로 우리술을 유통 판매하는 것은 특정주류도매업에 해당된다.

술을 만든 제조자는 국세청에서 정해진 바에 따라서만 술을 출고할 수 있다. 사업자등록증과 주류판매업 면허를 받은 곳에서만 술을 출고해야 하며, 그때마다 세금계산서 또는 별지 서식의 주류 판매 계산서를 복사식으로 저장하여 교부해야 한다.

상대방과 처음 거래 시에는 상대방의 사업자등록증 원본과 주류판매업 면허증 원본을 확인하고 그 사본을 보관해야 하며, 상대방 사업장의 위장 가공 여부도 확인해야 한다. 원칙적으로는 통신 판매를 금지하고 있지만, 전통주의 보전과 육성, 국산 농산물 소비 촉진에 기여하는 민속주, 지역 특산주에 한해 특별히 통신 판매를 허용하고 있다.

자가 양조의 범위

술은 국가가 면허를 발급한 곳에서만 제조되어 유통될 수 있다. 개인이 자가 소비를 위한 가정에서의 직접 생산은 가능하다. 하지만 면허를 받지 않고 불특정 다수인에게 술을 공급하는 것은 유상, 무상을 막론하고 주세법 위반에 속한다. 위반할 경우 무면허 주류 제조 행위에 해당하고, 3년 이하의 징역 또는 3천만 원 이하의 벌금에 처해지니 유념해두도록 하자.

　　　　　주류 제조자는 제품의 상표에 주종과 알코올 함량, 사용된 원재료의 명칭, 음주 주의 사항, 기타 제품 홍보에 관한 내용들을 표시하여 소비자에게 제품의 정보를 전달해야 한다. 이는 법적으로 반드시 진행되어야 하는 사항이며, 상표의 표시 사항은 '주세법'과 '주세 사무처리 규정', '식품위생법'에 근거하여 필수 기재 사항은 반드시 기재해야 한다.

　소비자가 주류 구분에 혼동을 일으킬 수 있는 상표명이나 상표상 기재 금지 사항인 과대 선전 문구나 소비자를 현혹시킬 우려가 있는 내용은 기재할 수 없다.

　주류 제조자는 소비자에게 주류를 안내하고 정확한 정보를 제공하기 위해 상표의 표시 사항을 정확히 이해해야 하며, 주종

주류 상표의 주요 기재 사항

주종	상표 표시 기준
탁주	1. 알코올 함량 표시 2. 살균 제품은 '살균탁주'로 표시 3. 전분질 원료가 단일 원료인 경우 100% 표시 가능 　(예 : 쌀 100% 사용 등)
약주	1. 알코올 함량 표시 2. 살균 제품은 '살균약주'로 표시
청주	1. 알코올 함량 표시 2. 발효에 의한 알코올이 모두 백미에서 기인하면 '순'이라는 용어 표시 　가능
소주	1. 알코올 함량 표시 2. 증류식과 희석식의 구분 폐지, 원료명에서 구분 가능
과실주	1. 알코올 함량 표시 2. 주원료의 종류에 따라 포도주·사과주 등으로 구분 표시 가능하고, 　포도주는 색상에 따라 적·백·홍포도주로 표시 가능 3. 탄산가스를 함유한 제품은 그 내용을 표시

(식품위생법 제9조 관련 식품 등의 세부 표시 기준 참조)

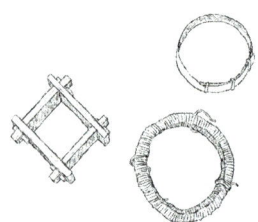

의 구분과 알코올 함량, 원재료의 특성으로 인한 주질의 특징 등을 소비자에게 전달할 필요가 있다.

- **제품명** : 고유 명칭을 국세청(관할 세무서)에 신고하여 허가 받기

- **원재료명** : 정제수(용수)를 포함하여 다량 사용 순서대로 우선 표기

- **유통 기한** : 탁주·약주는 유통 기한 표시 대상, 맥주는 품질 유지 기한 표시 대상

- **용도 구분** : 탁주·약주 등 전통주류는 용도 구분 불필요. 희석식 소주·맥주·위스키 등은 가정용·대형매장용·면세주류 구분 필요

탁주 상표 예시

살균 여부
생막걸리의 경우, 생을
기입 안 한 '탁주'로
표기. 살균막걸리는
'살균탁주'로 표기

술 위생 인증
정부가 인증한 위생 관리를
인정해준 마크.
금색은 100% 우리 농산물,
녹색은 수입 농산물 함유

재료 확인
수입 재료인지
확인이 가능

수상 이력
품평회 등에서
수상한 경우
라벨에 표시

유통 기한
표기

알코올 함량

약주 상표 예시

식품 유형 표기

인증 마크

원재료명 표기

알코올 함량 표기

증류주 상표 예시

증류식 소주(문배주)

일반 증류주(감홍로)

리큐르(이강주)

술의 제조와 판매 관련 부처 (2010년 6월 기준)

세원과 면허 관리 : 국세청
주류 안전 관리 : 식품의약품안전처

술에 부가되는 세금

주세, 교육세, 부가가치세
※각각의 과세표준에 의해 세율이 결정된다.

술의 제조, 판매 면허

국가로부터 면허를 발급받아야 제조, 판매 가능.
양조장 : 술의 종류별로 제조장마다 시설 기준과 기타 요건을 갖추어 관할
세무서장의 면허를 받아야 함.

제조장에서 술의 종류를 추가할 경우

새로 제조할 술에 대한 면허를 동일 형식으로 받고 술을 만들어야 함.
면허의 효력은 면허인에게만 유효하며, 면허받은 장소에서만 가능.

※면허인이 면허받은 주류를 다른 제조장에서 만드는 것도 허용되지 않는다.

주류 제조자의 의무

제품의 상표에 주종과 알코올 함량, 사용된 원재료의 명칭, 음주 주의 사항,
기타 제품 홍보에 관한 내용들을 표시하여 소비자에게 제품 정보를 전달해
야 함.
상표의 표시 사항 : '주세법'과 '주세 사무처리 규정', '식품위생법'에 근거하
여 필수 기재 사항은 반드시 기재해야 함.

[참고] 주류 표시의 일반 사항

위치	구분	표시 예시	활자 크기* (포인트)
주 표시면	제품명	○○○○으로 표시 ※ 제품명에 쌀 등 원료 표기 시, 쌀 등 원료명 및 그 함량을 기재 (14포인트 이상)	6
	내용량	○ ℓ 또는 ○○○㎖	12
일괄 표시면	식품 유형	탁주, 약주, 소주 등 ※ 살균 제품은 '살균탁주' 또는 '살균약주'로 표시	8
	제조년월일 (병입년월일)	○○년 ○○월 ○○일 ※ 제조 번호(병입년월일) 표시한 경우 제조 일자 생략 가능 ※제조일 별도 표기 시 구체적 위치 명시	10
	유통 기한 (품질 유지 기한)	예 1 : ○○년 ○○월 ○○일까지 예 2 : 제조일로부터 10일까지 ※ 유통 기한 표시 대상 : 맥주, 탁주, 약주 품질 유지 기한 표시 대상 : 맥주	12
	원재료명 및 함량	정제수, 밀가루, 물엿, 국, 효모, 삭카린나트륨(합성 감미료), 아스파탐(합성 감미료, 페닐알라닌 함유), ○○올리고당, 대추 추출액, 구기자 ※ 제품명에 쌀 등 원료 표기 시, 쌀 등 원료 함량을 기재 (함량은 사용한 정제수 포함한 모든 원료의 합을 100으로 함) ※ 복합 원재료는 그 복합 원재료 명칭 또는 해당 식품의 유형(가상 제품명에 한함)을 표시하고, 괄호로 정제수를 제외한 많이 사용한 순서에 따라 5가지 이상의 원재료명 또는 성분명을 표시(주정, 증류주 원액 제외)	7

위치	구분	표시 예시	활자 크기* (포인트)
기타 표시면	업소명 및 소재지	○○탁주 제조장, ○○도 ○○시 ○○읍 ○○○로 표시	8
	주의 사항	1) 부정·불량 식품 신고는 국번 없이 1339 2) 어린이, 임산부, 카페인 민감자는 섭취에 주의하여주시기 바랍니다. ※ 고카페인 주류에 해당하는 경우에 한함(카페인 함량 ㎖당 0.15mg 이상 함유 제품)	10
	에탄올 함량	○%	6
	용기 재질	폴리에틸렌테레프탈레이트(PET) ※ '자원의 절약과 재활용 촉진에 관한 법률'에 따라 분리 배출 마크가 표시되면 생략	6
	보관 방법	예 1 : 10℃ 이하 냉장 보관 예 2 : 직사광선을 피하고 서늘한 곳에 보관	6
	품목 보고 번호	품목 제조 보고할 때 부여되는 번호로 ○○○으로 표시	6

*활자 크기는 해당 크기 이상으로 표시해야 한다.
(식품의약품안전처, 주류 상표 표시 매뉴얼 참조)

SMALL MANUFACTURING

08

소
규
모
주
류
제
조
와
법

소규모 주류 제조장은 작은 항아리를 사용하여 차별화시켜도 좋다.

20 16년 2월 5일 공포 시행된 시행령에 의해 1kℓ 이상 5kℓ 미만의 저장 용기를 보유한 제조장에는 '소규모 주류 제조 면허'를 부여받을 수 있게 되었다. 즉, 하우스 막걸리 판매가 가능해진 것이다. 그동안에는 지역 특산주 면허가 아닌 경우 탁주와 약주는 5kℓ 이상, 청주는 12.2kℓ 이상의 담금 저장 용기를 보유한 제조장만 주류 제조 면허를 받을 수 있었다.

소규모 주류 제조의 이해 ──

소규모 주류 제조는 식품 접객업자가 영업허가를 받거나 영업신고를 한 장소에서 만들 수 있다. 즉, 일반음식점과 단란주점, 유흥주점에서만 제조할 수 있는 것이다. 소규모로 술을 만들어 팔 수 있는 식품 접객업자에 대해 조금 더 자세히 살펴보자.

일반음식점은 음식류를 조리 판매하는 영업으로, 식사와 함께 부수적으로 음주 행위가 허용되는 영업이다. 식품위생법에 의해 영업신고를 하면 되는 업종이다. 단란주점 영업은 주로 주류를 조리, 판매하는 영업으로, 손님이 노래를 부르는 행위가 허용된다. 유흥주점 영업은 주로 주류를 조리, 판매하는 영업으

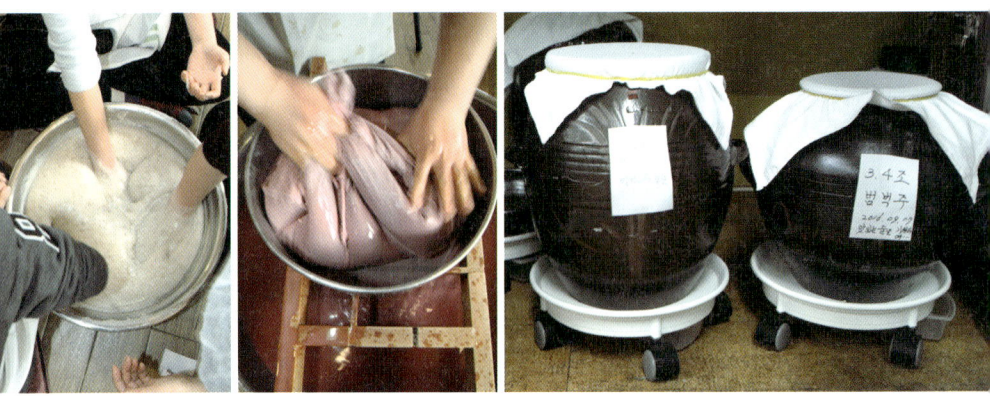

소규모 주류 제조장에서는 장비의 도움 없이 손으로 작업하는 경우가 많다.

로서, 유흥 종사자를 두거나 유흥 시설을 설치할 수 있어 손님이 노래를 부르거나 춤을 추는 행위가 허용되는 영업이다. 이때 단란주점 영업과 유흥주점 영업은 허가를 받아야 한다.

소규모 주류 제조장에서 만들 수 있는 술은 주세법의 분류에 의해 탁주와 약주, 청주, 맥주, 이렇게 네 가지다. 만들어진 술은 실수요자인 최종 소비자와 다른 식품 접객업자에게 판매할 수 있다.

영업장 안에서 마시는 고객에게 판매가 가능한데, 여기서 눈여겨볼 점은 해당 제조자가 직접 운영하는 다른 장소의 영업장 안에서 팔 수 있고, 제조장에서 병에 담아 손님에게 팔 수 있으며, 다른 음식점에도 팔 수 있다는 것이다. (주세법 시행령 '별표 3호' 개정 2016년 3월 31일)

　하우스 막걸리라고 해서 식품 접객업자 누구나 술을 제조할
수 있는 것이 아니라 주류 제조 면허가 있어야 한다. 우선 소규
모 주류 제조 면허를 받으려면 1kℓ 이상 5kℓ 미만의 저장 용기
를 보유한 제조장이 있어야 한다.

　제조장에는 주류의 제조량을 파악하기 위하여 유량계 또는
전자동 계수기 설치가 필수다. 유량계는 산업통산자원부 장관
의 지정을 받은 교정기관의 검정을 받아 적합하다고 인정된 것
이어야 하며, 유량계의 고장 또는 파손에 대비하여 한 개 이상
의 예비 유량계를 보유해야 한다.

　그리고 제조하는 작업장과 판매 장소는 명백하게 구분되어
있어야 한다. 하우스 막걸리를 제조하는 공간은 충분한 조명과
환기 및 방충 시설, 냉장 보관 시설을 갖추어야 한다. 주류를 외
부로 반출하여 판매할 경우는 용기 주입 시설 및 세척 시설, 냉
장 유통 시설 또한 필요하다. 냉장 시설을 이용한 보관은 필수

하우스 막걸리 제조장 풍경. ① 부산 '연효재', ② 수원 '솔마당'

주요 소규모 주류 제조 도구

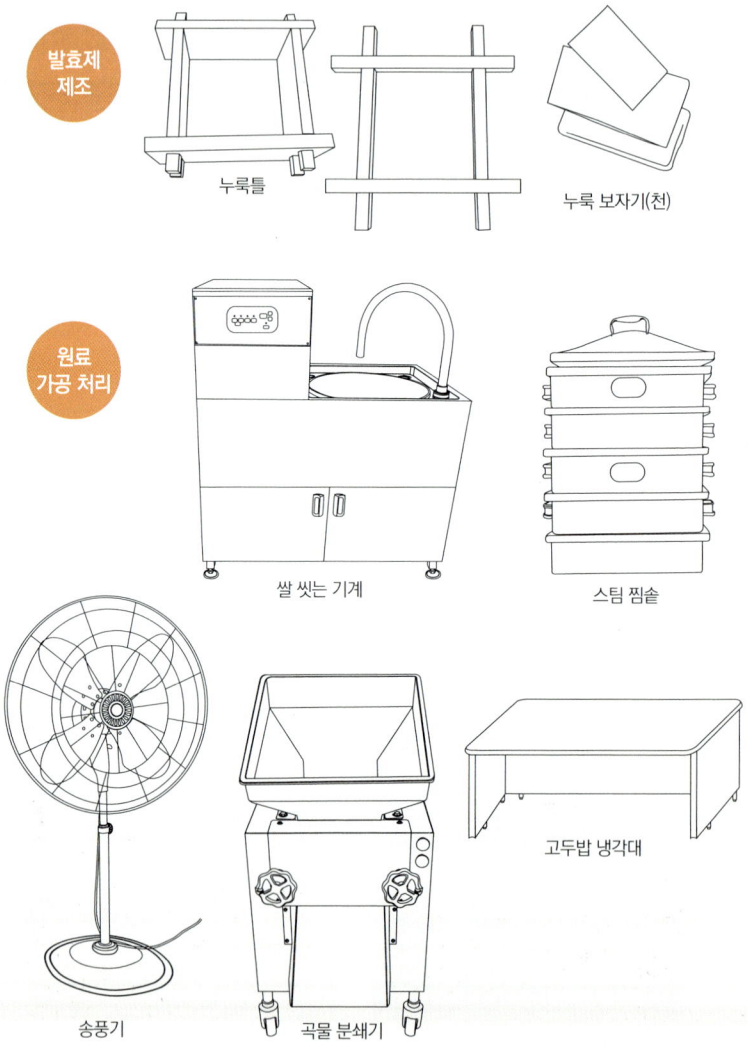

발효제 제조

누룩틀

누룩 보자기(천)

원료 가공 처리

쌀 씻는 기계

스팀 찜솥

송풍기

곡물 분쇄기

고두밥 냉각대

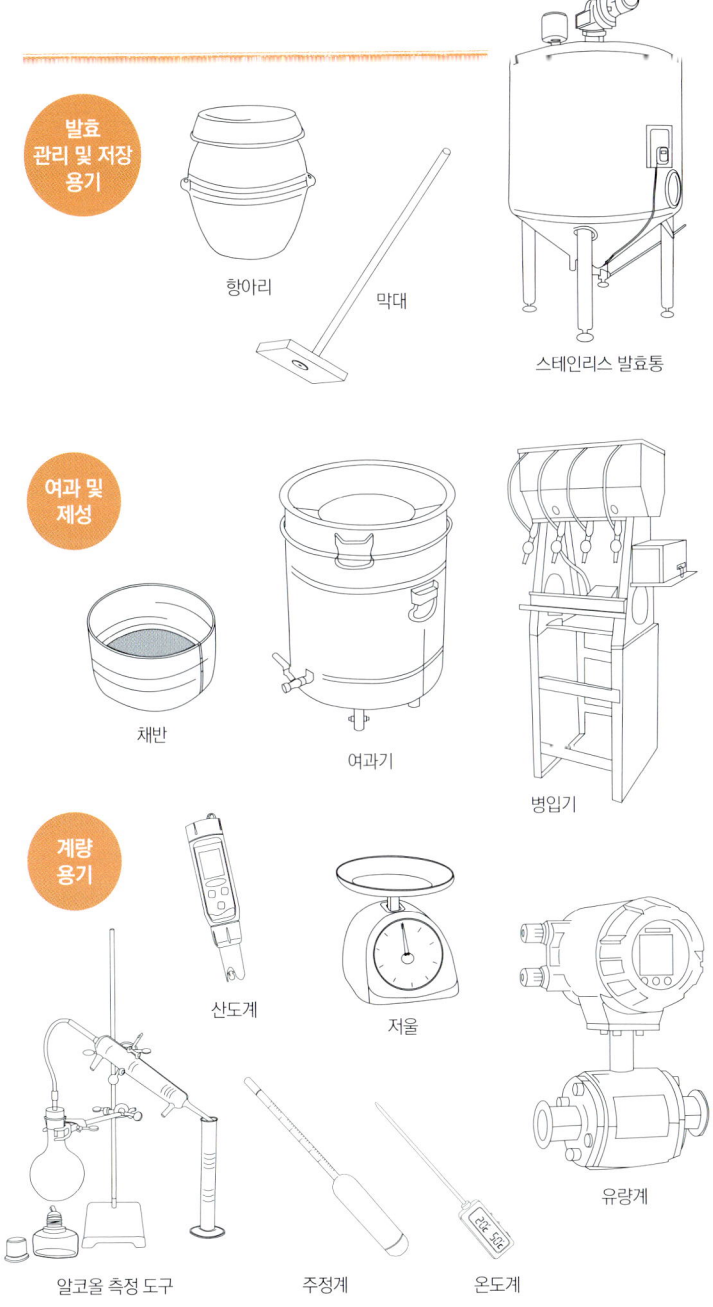

발효
관리 및 저장
용기

항아리

막대

스테인리스 발효통

여과 및
제성

채반

여과기

병입기

계량
용기

산도계

저울

알코올 측정 도구

주정계

온도계

유량계

이며, 비살균된 탁주, 약주, 청주의 경우엔 운반 시에도 역시 냉장 시설이 요구된다.

소규모 주류 제조 면허 ——

시설 기준을 충족시켰으면 주류 제조 면허를 신청할 수 있다. 이때 주류 제조 면허 신청서와 면허 관계 구비 서류를 관할 세무서에 제출하면 된다. 제조와 관련된 첨부 서류는 ① 사업계획서, ② 제조장 소재지의 국토이용계획 확인원, ③ 제조장 부지 및 건물의 자가소유를 증명하는 서류, 또는 자가소유가 아닌 경우 임대차계약서 사본, ④ 제조장의 위치도, 평면도 및 제조 시설 배치도, ⑤ 제조 시설 및 설비 등 설명서 및 용량표, ⑥ 제조 공정도 및 제조 방법 설명서 등이 있다.

관할 세무서에서 검토 후 국세청 주류면허지원센터에 보내 심사를 받아 주류 제조 방법 적합 판정이 나오면 된다. 주류 제조 면허증 교부 시 출고 전 주질 감정 신청이 이루어져야 한다.

또한 소규모 주류 제조 면허자 역시 다른 주류 제조 면허자처럼 주류의 주종별로, 주류 제조장마다 면허를 받아야 한다. 만일 주류 제조장을 이전할 경우에는 새로 면허를 받지 않고 전입지 관할 세무서에 신고만 하면 된다.

그리고 주류 제조 면허 업자도 식품위생법상 식품 제조 및 가공업자에 포함됨에 따라 식품의약품안전처에 영업 등록을 해야 한다. 이때 관할 식품의약품안전처에 식품위생교육 이수증, 품목제조 보고서, 수질검사 성적서, 건강진단서, 주류 제조 면허증을 제출하면 된다.

하우스 막걸리는 주류 제조 면허 요건을 완화하여 쉽게 술을 제조할 수 있게 하려는 것이다. 술의 제조와 유통에 관한 모든 원칙은 주세법상에 나타난 바에 따라야 한다. 주세율 및 세금 관련 납부 사항과 술의 상표 표기 등은 기존 주류 제조업체와 동일하다.

SUMMARY NOTE

소규모 주류 제조 면허 발급 조건

2016년 2월 5일 공포 시행된 시행령에 의해 1㎘ 이상 5㎘ 미만 저장 용기를 보유한 제조장.

주종별로, 또 주류 제조장마다 면허를 받아야 함.

※식품위생법상 식품 제조 및 가공업자에 포함됨에 따라 식품의약품안전처에 영업 등록을 해야 한다.

소규모 주류 제조장에서 만들 수 있는 술

탁주, 약주, 청주, 맥주.

※만들어진 술은 소비자와 식품 접객업자에게 판매할 수 있다.

프리미엄 막걸리의 이해

그동안 막걸리는 크게 생막걸리와 살균막걸리 정도로만 구분돼왔다. 빚어진 지 열흘 안에 소비되는 것은 생막걸리로, 해외나 장기 유통을 위한 것은 살균막걸리로 상품화되어왔다. 그런데 최근 몇 년 사이 프리미엄 막걸리라는 새로운 상품군이 등장했다. 소비자에게 신뢰를 줄 수 있는 술의 재료 사용을 비롯해 만드는 방식의 투명성, 제품의 차별화 등을 앞세워 여러 술도가에서 프리미엄 막걸리를 출시하고 있다.

대부분의 프리미엄 막걸리들은 유리병에 담겨 있다. 유리병 제품은 술의 보존력을 높이고, 안정된 맛을 유지하며, 디자인을 새롭게 하는 효과를 거두었다.

막걸리는 쌀을 주재료로 하는데, 프리미엄 막걸리들은 유기농 쌀, 찹쌀, 햅쌀, 지역 최상급 쌀들을 사용한다. 술값이 상대적으로 비싼 첫 번째 이유는 이렇듯 좋은 재료를 사용하기 때문이다. 보통 막걸리들이 10원이라도 원가를 낮추려고 한다면, 프리미엄 막걸리들은 원가를 높여서 차별화를 시도하고 있는 것이다.

'찾아가는 양조장'으로 선정된 양조장의 프리미엄 막걸리들

또한 발효제도 차별화시키고 있다. 보통 막걸리들은 1960년대 밀가루 막
걸리가 대중화된 이래로 널리 보급된 밀가루 흩임누룩을 사용하거나,
2009년 쌀 소비 촉진을 위해 쌀막걸리를 권장하는 분위기 속에서 확산된
쌀 흩임누룩을 사용하고 있다. 이에 반해 프리미엄 막걸리들은 1960년대
이전에 쓰였던 전통 밀누룩을 사용하는 곳이 많다. 그중에는 누룩을 직접
만들어 사용하는 곳들도 있다.

프리미엄 막걸리의 또 다른 특징은 도수가 높고, 수제품이며, 항아리에 빚
기도 하는 등등 많이 있지만, 앞으로도 프리미엄 막걸리의 세계에서 더욱
다양한 차별화가 이루어질 것으로 보인다.

전국의 프리미엄 막걸리와 양조장

	지역	양조장	제품명	용량	알코올 도수
1	서울	서울탁주합동	홍삼막걸리	500ml	6
2	경기 남양주	봇뜰	봇뜰십칠주	500ml	17
			봇뜰막걸리	750ml	10
			봇뜰이화주	100ml	12
3	경기 안성	정헌배인삼주가	정헌배탁주진이	500ml	12.5
4	경기 용인	술샘	이화주	100ml	8
			술취한원숭이	375ml	10.8
5	경기 의왕	좋은술	천비향막걸리	650ml	10
			천비향생주	500ml	14
6	경기 파주	최행숙전통주가	미인탁주	500ml	10
7	경기 포천	배상면주가	이화주	350ml	12.5
8	경기 포천	술빚는전가네	배꽃담은연	720ml	10
			섬섬옥주	720ml	10
			동정춘막걸리	720ml	6
			궁예의눈물	720ml	10
9	경기 포천	1932포천일동막걸리	1932포천일동막걸리	900ml	6
10	경기 평택	밝은세상	호랑이배꼽막걸리	700ml	6.5
11	경기 화성	배혜정도가	부자16	375ml	16
			부자13	300ml	13
			부자10	300ml	10
			우곡주	375ml	13
12	경기 화성	주올	새비주이화술	230ml	10
13	인천	송도향전통주조	삼양춘	500ml	12.5

14	강원 강릉	방풍도가	도문대작	750ml	10
			수작	500ml	12
15	강원 홍천	전통주조 예술	만강에비친달	500ml	10
			홍천강탁주	500ml	11
16	강원 홍천	산수	호모루덴스	500ml	12
			동정춘	500ml	8
17	강원 홍천	미담	미담	500ml	12
18	강원 횡성	국순당	자연담은복분자막걸리	360ml	6
			자연담은오미자막걸리	360ml	7
			자연담은더덕막걸리	360ml	7
			자연담은인삼막걸리	360ml	7
			이화주	400ml	12.5
19	충북 청주	장희도가	세종대왕어주	500ml	13
20	충북 청주	화양양조장	풍정사계추	500ml	12
21	충남 당진	신평양조장	백련막걸리미스티	375ml	6
22	충남 아산	이가수불	이상헌탁주	500ml	19
23	충남 계룡	장인정신	찹쌀막걸리	500ml	8
24	경북 문경	문경주조	문희	700ml	13
25	경남 거제	다랭이팜	다랭이팜생막걸리	750ml	6
			다랭이팜유자막걸리	750ml	6
26	울산	복순도가	복순도가손막걸리	935ml	6.5
27	경남 의령	연호전통식품	의령황새골전통가주	700ml	10
28	전북 완주	고택주조	고택찹쌀생주	750ml	13.5
29	전남 함평	자희자양	자희향나비	500ml	8
			자희향탁주	500ml	12
30	전남 장성	청산녹수	사미인주	750ml	8
31	제주	제주바당	한바당탁주	500ml	15

출처 : 막걸리학교(2016년 11월 기준)

자주 묻는 질문

Q. 막걸리는 다른 술에 비해 왜 저렴한가요?

막걸리는 주세가 5%로 매우 낮습니다. 약주는 30%, 맥주와 소주는 72% 입니다. 1,000원대의 맥주와 소주에 견주면 원가 비율이 높은 술이라 결코 싸다고만은 할 수 없지만, 서민의 술이라 상품화 초기부터 가격이 낮게 책 정되어 유통되었고, 유통 기한이 짧아 유리병이 아닌 페트병에 담겨 있으 며, 알코올 도수도 6%로 낮아서 비교적 저렴합니다.

Q. 막걸리는 파전이랑 먹는 게 제일 좋은가요?

파전과도 좋은 맛의 어우러짐을 보이지만, 생선구이나 매콤한 고기 요리 도 좋은 조화를 보입니다. 하지만 술을 한 가지 음식을 지정하여 먹는 일 은 참 아쉬운 일입니다. 막걸리는 다양한 한식과 어울리니 많은 경험을 통 해 맛에 있어 막걸리와 어울리는 좋은 짝을 찾아보는 것도 좋습니다.

Q. 막걸리는 흔들어 먹어야 하나요?

막걸리를 냉장고에 보관하면 술지게미가 가라앉고 맑은 술이 위로 뜹니 다. 그 맑은 술만 조심스럽게 따라 마시면 섬세하고 부드러운 맛을 즐길 수 있고, 알코올 기운도 더 적습니다. 또한 술병을 흔들어 술지게미를 섞 어 마시면 묵직하고 풍부한 맛을 느낄 수 있습니다. 발효 과정에서 생성된 이로운 성분들은 술지게미에 많이 포함되어 있으니, 건강을 위해서라면 흔들어 드시는 게 좋습니다.

Q. 막걸리와 동동주의 차이는 무엇인가요?

막걸리는 지금 막 걸러낸 술이라는 뜻이며, 동동주는 쌀알이 술 위에 동동 떠 있는 모습을 보고 지어진 이름입니다. 술이 발효될 때 쌀알 내부의 전분질이 당화되어 알코올이 생기면서 쌀은 껍질만 남게 되어 동동 뜨게 됩니다. 현재는 주점이나 식당에서 부재료를 이용하여 칵테일화한 술이 동동주라는 이름으로 판매되기도 합니다.

Q. 막걸리와 탁주의 차이점은 무엇인가요?

막걸리는 술을 막 거른 모습을 보고, 탁주는 술이 탁한 모습을 보고 생겨난 말입니다. 탁주는 주세법에서 사용하는 법률 용어이고, 막걸리는 양조장과 민간에서 사용하는 일반 용어입니다. 통상적으로 막걸리와 탁주는 동일한 개념으로 사용되는데, 특별히 이화주처럼 거르지 않은 탁주는 막걸리와 구분됩니다.

Q. 살균된 술은 방부제가 들어가나요?

병 라벨을 확인하면 주종 구분에서 '살균탁주', '살균약주'라고 표기되어 있는 걸 볼 수 있습니다. 술은 방부제를 넣어 살균하는 게 아니라 열처리를 통해 살균합니다. 술이나 술병을 65도 온도에서 약 30분 정도 유지하면 술 속의 미생물이나 효소들이 활동을 정지하여 술맛을 안정화시킬 수 있습니다. 살균한 술은 유통 기한을 6개월에서 1년 정도 늘릴 수 있어 오래 보관하거나 먼 지역까지도 판매할 수 있습니다.

Q. 생막걸리는 시간의 변화에 따라 맛이 변한다는데, 왜 그런가요?

생막걸리는 효모와 유산균이 살아 있는 신선한 술입니다. 미생물이 살아 있는 술이라 주위 환경, 온도에 따라 술의 맛이 변하게 됩니다. 그래서 생막걸리는 냉장 보관해야 합니다. 양조장에서 금방 출시된 생막걸리는 달달하면서도 부드러운 맛이 도드라지고, 시간이 지날수록 단맛이 줄어들면서 담백한 맛과 경쾌한 탄산감이 강화되니, 취향 따라 즐길 수 있습니다.

Q. 약주와 청주의 차이점은 무엇인가요?

약주와 청주는 술지게미가 없는 맑은 술입니다. 다만 주세법상 누룩(전통누룩)을 1% 이상 쓰면 약주이고, 1% 미만 쓰면 청주라고 표기합니다.

Q. 양조장에 가보고 싶은데 가볼 수 있나요?

농림축산식품부에서는 '찾아가는 양조장'이라는 프로그램으로 다양한 지역의 양조장을 선정했고, 일반인들의 방문을 환영하고 있습니다. 2016년 기준으로 전국에 24곳의 양조장이 선정되었으며, 방문하여 시음 및 견학할 수 있습니다.

Q. 우리나라에는 양조장이 몇 개나 있나요?

2015년 발행된 『국세통계연보』에 따르면, 주류 제조 면허 수는 1,796개, 탁주 제조 면허 수는 825개가 있습니다. 한 양조장에서 탁주와 약주 또는 소주 면허를 함께 가지고 있는 곳도 있어서 양조장 숫자는 이보다 적습니다.

Q. 우리술로도 칵테일을 만들 수 있을까요?

알코올 도수가 높은 쌀소주는 칵테일 만들기에 좋습니다. 쌀소주는 담백하면서도 향기 성분이 약해서 칵테일 부재료들과 잘 어우러지는 장점이 있습니다. 또한 막걸리는 도수는 낮지만 도화지처럼 백색을 띠고 있어서 색감을 내기에 좋은 칵테일 재료입니다.

Q 음식점에서 술을 만들어서 팔 수 있나요?

2016년 2월 5일 공포 시행된 시행령에 의매 1㎘ 이상 5㎘ 미만의 저장 용기를 보유한 제조장에서는 '소규모 주류 제조 면허'를 부여받을 수 있습니다. 하지만 반드시 일반음식점, 단란주점, 유흥주점에서만 제조할 수 있습니다.

Q 인공감미료(첨가물)는 무엇인가요?

일정한 술맛을 내기 위해 사용됩니다. 막걸리의 경우 제조 시 물에 희석하기 때문에 맛이 묽어지고 가벼워져 단맛이나 신맛의 부족함을 느끼게 되는데, 이때 사용하기도 합니다.

Q 전통 방식으로 만들어지는 소주의 재료는 무엇인가요?

국내에서 시판되는 소주는 발효주를 증류하여 만드는 증류식 소주와 주정을 희석하여 만드는 희석식 소주로 나눌 수 있습니다. 증류식 소주는 쌀, 보리 등 다양한 곡물을 원료로 한 발효주를 증류하여 만들어집니다. 참고로 희석식 소주는 저렴한 전분을 원료로 삼는데, 아열대 지방의 타피오카, 옥수수 전분 등을 사용합니다.

Q 프리미엄 막걸리는 무엇인가요?

프리미엄 막걸리는 각 지역의 쌀과 다양한 품종, 유기농 쌀 등을 이용하며, 장기간 발효하여 알코올 도수가 기존의 막걸리보다 높은 술입니다. 다양한 패키지(유리병, 디자인 등)를 통해 소비자들에게 조금 더 고급화된 술로 인식되고 있습니다.

Q 한국 술의 종류는 어떻게 되나요?

우리나라의 술은 법령(주세법)이 정하는 바에 의기 탁주, 약주, 청주, 과실주, 소주, 일반 증류주, 리큐르, 기타주류 등 총 8가지로 구분됩니다.

우리술 교육 훈련기관

번호	기관명칭	소재지	연락처	홈페이지
1	(사)수을전통술 교육관	전북 전주시 완산구 동문길 50 동문문화센터 1층	063)287-6305	www.urisul.kr
2	막걸리학교	서울시 종로구 삼청로 4 광성빌딩 3층	02)722-3337	www.soolschool.com
3	수수보리 아카데미	서울시 서대문구 경기대로 47 진양빌딩 B1	02)364-2400	www.susubori.ac.kr
4	한국가양주 연구소	서울시 서초구 방배로 52 모라빌딩 4층	02)583-5225	www.suldoc.com
5	(사)한국전통음식 연구소	서울시 종로구 돈화문로 71 인산빌딩 7층	02)708-0772	www.kfr.or.kr
6	전통주연구개발원	경기도 가평군 가평읍 분자골로 68번길 82	031)581-1054	www.전통주연구개발원.kr
7	(사)한국전통주 연구소	서울시 종로구 자하문로 62 3층	02)389-8611	www.ktwine.or.kr
8	(사)한국바텐더 협회	서울시 동작구 사당로 30길 133 서원빌딩 4층	02)581-2911	www.bartender.or.kr
9	진향우리술 교육원	경기도 성남시 분당구 운중로 188번길 8	031)8017-6070	blog.naver.com/gknock2
10	(사)우리음식문화 연구원	서울시 종로구 김상옥로 60 보성빌딩 10층	070-4404-5395	blog.naver.com/ebjmom
11	(주)연효재	부산광역시 남구 전포대로 110 2층, 3층	051)636-9355	yeonyojae.cafe24.com
12	(주)한국양조 연구소	서울시 금천구 벚꽃로 244 벽산디지털밸리 5차 1306호	02)598-3222	www.brewing.co.kr
13	(사)북촌전통주 문화연구원	서울시 강남구 삼성로 107길 31	02)3676-6411	www.happyfoodschool.com
14	농업회사법인 (주)명주가	경기도 여주시 대신면 대신1로 120	031)881-4240	

우리술 전문인력 양성기관

번호	기관명칭	소재지	연락처	홈페이지
1	한국식품연구원	경기도 성남시 분당구 안양판교로 1201번길 62	031)780-9339	www.kfri.re.kr
2	서울벤처정보 대학원대학교	서울시 강남구 봉은사로 405	02)3470-5142	www.suv.ac.kr
3	신라대학교	부산시 사상구 백양대로 700길 140	051)999-5620	www.silla.ac.kr
4	대경대학교 산학협력단	경북 경산시 자인면 단북1길 65	053)850-1329	www.tk.ac.kr

필진 소개

김재호

한국식품연구원 전략산업연구본부 중소기업솔루션센터장

『우리술 보물창고』, 『탁약주개론』, 『증류주개론』 공저자

류인수

한국가양주연구소 소장

『전통주 수첩』, 『막걸리수첩』, 『한국 전통주 교과서』 저자

문선희

(사)한국술문화연구소 이사

풀무원 김치박물관, 서울약령시 한의약박물관 학예연구사 역임

유병후

유원대학교 와인발효·식음료서비스학과 교수

(사)한국국제소믈리에협회 부회장

전진아

국립농업과학원 발효식품과 근무

『체질따라 증상따라 한방약술 100선』, 『전통주 칵테일』 공저자

정석태

국립농업과학원 발효식품과 농업연구관

『양조기술』, 『전통발효식품(표준영농교본)』, 『과실주개론』, 『전통주 칵테일』 공저자

최규택

경북대학교 발효생물공학연구소 연구원 근무

금복주 / 경주법주 기술연구소 선임연구원 역임

최한석

농촌진흥청 국립농업과학원 발효식품과 근무

「증류식 소주 국제공동연구」(일본 2013-2015) 참여

허시명

막걸리학교 교장

『풍경이 있는 우리술 기행』, 『비주, 숨겨진 우리술을 찾아서』, 『술의 여행』,

『막걸리, 넌 누구냐?』 저자

감수자 소개

권희자

서울시 무형문화재 8호 삼해주 기능 보유자

한국전통음식연구소 전통주 전임강사, 『아름다운 우리술』, 『술 만들기』 저자

이대형

경기도농업기술원 작물연구과 근무

『우리술 보물창고』 공저자

참고문헌

단행본

『2011 표준식품성분표(제8개정판)』 농촌진흥청 국립농업과학원, 2011.

『21세기 글로벌 경쟁시대의 외식산업경영학』 박기용, 대왕사, 2009.

『Flavor 맛이란 무엇인가』 최낙언, 예문당, 2013.

『경제학 사전』 박은태, 경연사, 2010.

『국세청기술연구소일백년사』 국세청기술연구소, 2009.

『동국세시기』 홍석모 저, 정승모 역, 풀빛, 2009.

『막걸리 넌 누구냐』 허시명, 예담, 2010.

『발효식품대전』 정동효, 유한문화사, 2012.

『서비스마케팅』 제4판, 이유재, 학현사, 2011.

『술의 여행』 허시명, 예담, 2010.

『식품가공학』 정강현 외 3인, 문운당, 2007.

『식품재료학』 현영희 외 3인, 형설출판사, 2000.

『식품첨가물 이론과 실제』 지성규, 식품저널, 2008.

『실전 외식산업경영론』 최학수 외 5인, 한올출판사, 2013.

『아름다운 우리술』 윤숙자 외 1인, 도서출판 질시루, 2011.

『와인 테이스팅의 이해』 마이클 슈스터, 바롬웍스, 2007.

『와인커뮤니케이션』 고재윤, 세경, 2010.

『와인폴리』 Madeline Puckette 외 1인, 영진닷컴, 2016.

『외식산업경영론』 어윤선 외 2인, 대왕사, 2009.

『우리 땅에서 익은 우리 술』 조정형, 서해문집, 2008.

『우리나라 술의 발달사』 정동효, 신광출판사, 2004.

『우리술 보물창고』 김용택 외 9인, 농업기술실용화재단, 2011.

『전통주 제조기술』 배상면, 배상면주류연구소, 2002.

『조선주조사』 재단법인조선주조협회, 1935.

『조선주조사』 배상면, 우곡출판사, 2007.

『주류제조교본』 국세청기술연구소 편, 국세청기술연구소, 2000.

『증류주개론』 이종기 외 6인, 광문각, 2015.

『탁약주개론』 김계원 외 5인, 농림수산식품부, 2012.

『한국사회사연구』 이태진, 지식산업사, 2008.

『한국세시풍속사전』 한국민속대백과사전, 2016.

『한국의 술문화 Ⅰ·Ⅱ』 이상희, 선, 2009.

『한국 전통 민속주』 이효지, 한양대학교 출판부, 2009.
『호텔 외식사업 식음료 경영과 실무』 강인호 외 2인, 기문사, 2002.
『휴 존슨 잰시스 로빈슨의 와인 아틀라스』 휴 존슨, 세종서적, 2009.

논문

「세계 각국과 우리나라의 알코올 음료 명칭에 관한 연구」 유병호 외 1인, 와인·소믈리에연구, 2012.
「소비자의 음주 동기, 음주 문제, 주류 선호도의 상관관계에 대한 탐색적 연구」 이상선 외 1인, 호텔관광연구, 2013.
「우리술 산업 활성화를 위한 정책토론회 논문집」 한국농촌경제연구원, 2004.
「전통주 테이스팅 항목 개발에 관한 연구」 전진아, 석사논문, 2014.
「한국의 음주예법에 관한 고찰」 서돈영, 한국식문화학회지, 1986.

해외 문헌

A motivational model of alcohol use. Cox, W. M 외 1인. Journal of Abnormal Psychology. 1988.
Incentive motivation, affective change, and alcohol use: A model. Cox, W. M 외 1인. Why people drink: Parameters of alcohol as a reinforcer. 1990.
Motivations for alcohol use among adolescents: Development and validation of a four-factor model. Cooper, M. L. Psychological Assessment. 1994.
Planning and control for food beverage operations. Ninemeier, J. D. American Hotel Lodging Association. 2004.
Service marketing strategy. Zeithaml, V. A. 외 2인. Wiley International Encyclopedia of Marketing. 2010.
Strategic Brand Management. Keller, K. L. Pearson Prentice hall. 2008.
The impact of servicescape on quality perception. Reimer, A 외 1인. European Journal of Marketing. 2005.

참고자료

국가법령정보센터 www.law.go.kr
나우뉴스 http://nownews.seoul.co.kr
농사로 www.nongsaro.go.kr
최낙언의 자료보관소 www.seehint.com
한국창업마케팅연구소 http://blog.naver.com/lsj2355/112101788